大学生
体能训练
研究

DAXUESHENG
TINENG XUNLIAN
YANJIU

王一民◎著

陕西新华出版
陕西旅游出版社
·西安·

图书在版编目（CIP）数据

大学生体能训练研究／王一民著. — 西安：陕西
旅游出版社，2021.12（2024.11重印）
ISBN 978-7-5418-3764-7

Ⅰ.①大… Ⅱ.①王… Ⅲ.①大学生—体能—身体训
练—研究 Ⅳ.①G808.14

中国版本图书馆 CIP 数据核字（2021）第 259426 号

大学生体能训练研究　　　　　　　　　　　　　　　　王一民　著

责任编辑：张　颖　晋枫森
出版发行：陕西新华出版传媒集团　陕西旅游出版社
　　　　　（西安市曲江新区登高路 1388 号　邮编：710061）
电　　话：029-85252285
经　　销：全国新华书店
印　　刷：三河市兴国印务有限公司

开　　本：787mm×1092mm　　　1/16
印　　张：10
字　　数：130 千字
版　　次：2021 年 12 月　第 1 版
印　　次：2024 年 11 月　第 2 次印刷
书　　号：ISBN 978-7-5418-3764-7

定　　价：69.80 元

前　言

当代大学生顺利完成学业的一个重要前提条件是拥有良好的身体素质，但数据显示，我国高校大学生的体能素质状况不容乐观，甚至有体能素质持续下降的趋势。体能训练是高校体育教学的重要组成部分，是拥有良好身体素质的基础。本研究对大学生身体素质现状进行分析，找出影响大学生体能素质下降的主要因素，研究提高大学生身体素质的方法，增强大学生进行体育锻炼的兴趣，制定更加科学合理的训练对策，采用合理有效的教学方法，从而在一定程度上提高大学生的体能素质。

常规的体能训练极易给训练者带来枯燥感，阻碍学生的训练积极性，阻力带训练和悬吊训练以新颖的训练方式打破了枯燥的常规训练，以其特有的运动方式吸引学生积极地参与其中。因此，选择阻力带训练和悬吊训练与其他器械相结合进行训练，能有效提高大学生的运动兴趣，增强大学生参与体能训练的积极性。

阻力带训练是抗阻训练的一种，阻力带拉长时产生阻力，肌肉动员各运动单位进行收缩，克服阻力。同时，随着阻力带拉长产生的阻力加大，这时肌肉运动中参加的运动单位数目增多，进而加大肌肉横截面积，以配合力量训练的要求。阻力带训练是一种多关节协同配合的训练方法，可以在短时间内达到提升力量的效果。使用阻力带进行力量训练时，要更注重肌肉的运动形式，即进行向心和离心交替收缩，它在肌肉拉伸放松和肌肉回缩阶段都存在阻力。阻力带在众多训练工具中脱颖而出，就是因其特性：一是阻力带方便易携带，在训练过程中，通过阻力带对身体各部位的肌肉进行练习，可达到与传统训练相同的效果；二是阻力带训练不限制场地；三是阻力带运动没有固定的运动轨迹，对转动方向没有任何限制；四是阻力带运动安全有效，进行阻力带训练时，肌肉运动方式是向心、离心交替进行的，这在一定程度上减少了运动员身体的疲惫感，同时减少了发生运动损伤的可能性。

悬吊训练不同于以往的体能训练，常规体能训练主要针对的是大肌肉群，通过训练对大肌肉群进行力量刺激，而悬吊训练主要针对的是小肌肉群。常规的力量练习是在身体重心处于相对平衡的状态下完成动作，这种平衡状态主要来源于器械和地面提供的支撑力。悬吊训练强调的是稳定和平衡，强调核心深层次小肌肉群的固定作用以及神经对肌肉的支配能力，它是依靠神经支配肌肉控制动作，这样可以更好地增加训练者的本体控制感。悬吊训练是以常规力量训练为基础，进一步发展完善而形成的，更好地完善了常规力量训练中核心肌肉力量发展的不足。因此，悬吊训练集一般力量训练的性质、专项力量训练的作用于一体，同时对运动损伤的康复性、提高人体运动能力，以及预防运动损伤都具有独特的作用。

本书稿以阻力带训练和悬吊训练对体能的影响进行实验研究，深入探讨阻力带训练和悬吊训练对体能提升发挥的积极作用。通过对阻力带训练和悬吊训练与常规体能训练进行比较研究，得出更加高效的体能训练方案，使体能训练的内容变得愈加丰富，使大学生在体能锻炼时有更多、更好的方法选择，为进一步提升大学生体能水平提供理论依据和实践依据。

本书内容分为三篇：第一篇为概论，主要介绍体能、大学生体能训练、体能训练的方法选择、阻力带与悬吊训练的基本知识。第二篇和第三篇分别介绍阻力带训练与悬吊训练对大学生体能改善的实验研究，主要包括国内外阻力带与悬吊训练研究进展、阻力带与悬吊训练实验研究结果及分析。

本书出版得到陕西师范大学体育学院的资助；本书在撰写时参考了相关学者的文献资料，在此一并致谢。

由于作者水平有限，书中难免有疏漏，敬请读者斧正。

目 录

第一篇
概　　论

第一章 体 能

体能是通过力量、速度、耐力、协调、柔韧、灵敏等运动素质表现出来的人体基本的运动能力，是测试对象竞技能力的重要构成因素。体能水平的高低与人体的形态学特征以及人体的机能特征有着密切的关系。人体的形态学特征是其体能的质构性基础，人体的机能特征是其体能的生物功能性基础。

体能研究的内容主要有体能的内涵，体能训练的意义，不同运动项目对神经、骨骼、肌肉等系统的发展与工作特点对运动素质的影响，体能与技能、战能、心能、智能的关系，速度、力量、耐力等各种素质的训练方法，体能的训练安排，体能训练的监测手段与评价，体能在负荷影响下产生疲劳后的恢复等。

第一节 体能的概念

一、体能概念的由来与演进

体能(Physical Fitness)一词最早源于美国。从广义上讲，它是指人体适应外界环境的能力；从狭义上讲，是指人体基本的运动能力。在英文文献中，"体能"一词常被用于表达身体对某种事物的适应能力。例如，Fitness for competition and win; Fitness for life activity。德国人将之称为工作能力，法国人称之为身体适性，日本人称之为体力，中国香港地区、台湾地区的学者将之翻译为"体适能"，并得到华语流行国家和地区体育学术界的认可。

我国于 20 世纪 80 年代引入体能的概念，并开始展开相关的研究。1984 年中国出版的《体育词典》认为，体能是人体各器官系统机能在体育活动中表现出来的能力。1992 年出版的《教练员训练指南》认为，运动素质又称体能，它是指测试对象机体在运动时所表现出来的能力。体能包括力量、速度、耐力、柔韧和灵敏。2000 年出版的体育院校通用教材《运动训练学》认为，体能是指测试对象机体的基本运动能力，是测试对象竞技能力的重要构成部分。体能是由身体形态、身体机能和运动素质组成。2002 年出版的体育院校函授教材《运动训练学》认为，体能（身体竞技能力）是测试对象竞技能力总体结构中的最重要结构之一，它是指测试对象为提高运动技战术水平和创造优异运动成绩所必需的各种身体运动能力的综合，包括测试对象的身体形态、身体机能、身体健康和运动素质。

二、体能分类

中国台湾学者龚忆琳认为，体（适）能可分为竞技体（适）能和健康体（适）能。竞技体（适）能即运动体能，特指测试对象在健康体（适）能的基础上为追求在竞技比赛中创造优异运动成绩所需的体（适）能。健康体（适）能是为增强体质、促进健康和提高日常生活工作效率所需的体（适）能，包括心肺耐力适能、肌力适能、肌耐力适能、柔韧性适能、适当的体脂肪百分比。

中国学者熊斗寅认为，体能分为两种：大体能——身体能力，它包括人体运动能力、人体适应能力、机能状态和各种身体素质；小体能——运动训练中的体能训练和体能性项目训练。王兴认为，体能是由体力与专项运动能力所构成。体力包括专项身体素质与潜力；专项运动能力是指在特定情境下掌握各种技术的能力。袁运平认为，体能是人体通过先天遗传和后天训练所获得的机体自身所具有的潜在能力以及与外界环境结合所表现出来的综合能力。王保成认为，体能分为人的有形体能即身体能力，无形体能即心智能力。体能由身体结构、身体机能和智力意志三部分组成。从社会生活角度而言，体能是个体积极适应环境的生存适应能力。我国学者蓝荣认为，体（适）能特指身体健康方面的状态。人体对环境的良好适应，包括积极适应生活的身体能力、工作能力和抵抗疾病的生存适应能力。对基本生存的适应、对日常生活和基本活动的适应、对生产劳动的适应是体能的最基本状态,对运动训练和运动竞赛的适应是体能的高级适应。

综上所述,体(适)能是人体对环境适应过程所表现出来的综合能力。体能包括两个层次:健康体能和竞技运动体能。

三、健康体能

健康体能以促进健康、增强体质、提高基本活动能力、优化非经济活动和享受生活为目标,健康体能是个体适应环境、享受生活的能力。健康体能是体质健康的重要基石,是竞技运动体能的基础。

四、竞技运动体能

竞技体育领域所讨论的体能,特指运动体能,运动训练界习惯将之简称为体能。运动体能是测试对象为提高运动技术水平和创造优异运动成绩所必须具备的身体各种运动能力的总称。它是测试对象机体对外界刺激或外界环境适应过程所表现出来的综合能力,受多种因素的影响,与人的运动能力、人体适应能力、人的心理因素(主要是意志力)有关。

五、影响体能的要素

(一)心血管耐力

是指心、肺、血管运输含氧的血液给正在工作的肌肉进行新陈代谢的能力。

(二)肌肉强力与耐力

肌肉强力是肌肉在紧张状态下作阻力运动的能力,肌肉耐力是肌肉在某一负荷下长期重复收缩的能力。

(三)柔韧性

是指利用肌肉在整个关节范围内运动的能力。

(四)敏捷性

是指大小肌肉群的可操作性与协调性。

(五)力量

力量被定义为力乘以距离除以时间。

（六）平衡性

是一种协调能力，指运动中保持平衡的能力。

六、体能的本质

通过体能的定义了解到，体能是一种能力，这种能力是通过运动学的表象，以一定的运动形式表现出来的，以人体跑得快慢，跳得高低、远近及动作幅度的大小等效果来评价体能，这种评价只能是体能的一部分，并不一定是体能全部的充分表现，只有在人的这种能力充分发挥出来的前提下，才是这种能力的最佳表现。再者，这种表现只是一个结果，如实地反映出了在这个运动过程中，身体素质表现出来的能力大小。从不同运动方式的运动结果来评价体能，最终评价结果是以力的大小、速度的快慢、持续运动时间的长短、运动的幅度大小以及身体的灵敏性、柔韧性和协调性等来表现，其只是运动的结果，而并非运动的本质。要真正地了解体能，还需要认识体能的本质，需要经过从表象到本质这样一个非常复杂的过程，必须经过对表象认真反复细致地钻研，找出表象与本质之间的相互联系以及前因后果。人体是复杂统一的有机体，由九大系统组成，包括运动系统、消化系统、呼吸系统、泌尿系统、生殖系统、内分泌系统、免疫系统、神经系统和循环系统，在运动时，九大系统一同发挥作用，九大系统的功能决定了人体运动时的功能。因此，探讨体能的本质，应该从九大系统入手，这样才能推动体能训练文化链条由运动学的表象（力量、耐力、速度、柔韧和灵敏素质等），向动力学、生理学等本质规律（不同生理功能的各个器官系统的功能）的转变。也可以说，把具有不同生理功能的各个器官系统的功能作为体能的本质内涵来研究，才能抓住体能文化链条的关键。

第二节 体能训练

不同的群体体能表现大不相同，体能发挥的作用也不同，据此可将体能划分成健康体能与竞技体能。其中健康体能指的是各类人群所赖以生存的体内器官系统具有的机能能力，由身体组成、心肺耐力、肌肉强力与耐力和柔韧性等组成。竞技体能指的是在发展健康体能的同时，进一步拓展的竞技类比赛所依靠的人体机能能力，一般情况下包括一般体能和专项体能两部分，是运动员参加比赛所必备的体能。因此可以说健康体能是发展竞技体能的基础和必备条件。

很多因素都可以影响测试对象发展竞技体能，比如通过遗传效应因素可以获得先天性的体能，通过合理科学的体能训练可以发展提升后天性的体能。另外，优越的地理条件因素和适宜的社会条件因素也可在一定程度上影响竞技体能的发展。

对于运动员来说，体能训练的目的是根据各个项目竞赛的需要，提高竞技能力，创造优异的运动成绩。为此，亦须改善测试对象的身体组成、心肺耐力、肌肉强力与耐力和柔韧性等，并力求使得测试对象身体形态以及各部分机能适合运动项目的要求。

人体运动时的能量来源于三大供能系统，即磷酸原系统（ATP-CP）、乳酸能（糖酵解）系统和有氧系统。三大供能系统、神经系统、骨骼系统、肌肉系统等协调工作实现人体运动。通过改善测试对象的能量代谢和神经、肌肉、骨骼等系统的功能，达到训练、比赛所需要的速度、力量、耐力、灵敏、协调和柔韧等身体素质，并使之符合运动项目的需求。任何一个运动项目对能量代谢和神经、肌肉、骨骼等系统的功能都有着特定的要求，因此，在体能训练中如何提高测试对象进行相应项目需要的能量代谢能力，改善测试对象的神经、骨骼、肌肉等系统的功能，其首要目标是明确测试对象的运动项目以及在比赛中的活动方式。

第三节 体能评价

体能评价是对测试对象身体运动能力现实状态的评定，是体能训练的逻辑起点。按时间划分，体能评价分为诊断性评价、形成性评价和终结性评价三个部分。体能评价在体能训练计划中扮演着重要的角色，它不仅可以通过数据分析了解测试对象的体能基本状态，也可以帮助教练员制订训练计划，是确定训练内容的重要依据。体能评价是通过体能测试获得测试对象体能的基本信息，再经过数据分析完成。

一、体能测试中应注意的问题

(一)注意健康和安全因素

测试前应了解测试对象的健康状况，并对测试可能带来的安全隐患有充足的准备。如，测试对象腰部损伤未愈，最大力量和坐位体前屈测试可以暂不进行。另外，需预先检查测试器械和评估环境在测试中是否具有潜在的危险等。

(二)测试方案的制订

测试方案或测试计划是体能测试的关键性环节。它包括测试内容的选择及测试的目的，测试需要的器材、设备，测试基本要求和具体操作。如果测试方案不合理，测试结果的信度和效度都会受到影响。

(三)测试组合和多次测试

测试组合和多次测试中，可通过测试对象的脉搏和经验确定体能恢复时间。需要引起注意的是，反映测试对象极限状态下的指标测试后，应给测试对象充足的恢复时间，以免影响后面的测试成绩。

二、测试顺序

测试顺序安排的基本原则是前面进行的测试内容不要影响后面进行的测试内容。组织多项指标测试时应注意：

(一)先进行安静状态下的测试，后进行运动状态中的测试。

(二)先进行不易感到疲劳的项目的测试，后进行测试对象容易感到疲劳的项目的测试。

(三)先进行最大力量性测试和速度性测试，后进行耐力性测试。

(四)先进行无氧能力测试，后进行有氧能力测试。

三、测试前的准备

测试前的准备包括明确测试的目的与内容、了解测试顺序、熟悉测试方法等。测试对象对测试意图的理解程度，直接影响测试结果的客观性，而预测试可以使测试对象对测试的全过程更清晰，有助于测试的顺利进行。

第二章　大学生体能训练

当代大学生顺利完成学业的一个重要前提条件是拥有良好的身体素质，但数据显示，我国高校大学生的体能素质状况不容乐观，甚至有体能素质持续下降的趋势。体能训练是高校体育教学的重要组成部分，是拥有良好身体素质的基础。本章对大学生身体素质现状进行分析，找出影响大学生体能素质下降的主要因素，研究提高大学生身体素质的方法，增强大学生进行体育锻炼的兴趣，制定更加科学合理的训练对策，采用合理有效的教学方法，从而在一定程度上提高大学生的体能素质。

第一节　大学生体能下降的主要原因

一、对体能素质的重要性认识不足

许多大学生对体能素质的概念缺乏认识和了解，体能素质不只是运动员需要具备的条件。体能包括健康体能和竞技体能，对于大学生来说，在日常的生活与学习中，体能素质也是应该具备的条件。身体是革命的本钱，良好的身体素质是拥有健康日常生活的基础条件，但也是最容易被忽视的。大学生往往只是将学习成绩放在首要地位，只关心学业成绩是否达标，而忽视了最基本的身体素质，对自身的体能状况漠不关心。这也就是很多高校学生学习成绩较好，但是体质测试中却有很多人不达标的原因。

二、自发进行体能锻炼的意识薄弱

许多大学生并没有意识到身体健康的重要性，一部分学生熬夜打游戏，还有一部分学生为了获得更多的学习时间熬夜学习，并没有意识到熬夜对身体的危害。此外，大部分学生没有拥有健康身体或完美身材的欲望。大部分的大学生缺乏体能训练的意识，没有正确认识并了解体能锻炼的真正含义。体能训练与体育锻炼是有一定区别的，简单的跑步、一次球赛等，这些没有持续性的坚持都不能称为体能训练。体能训练对动作结构、训练频率、训练时间、训练量和强度都有一定的要求，在训练过程中使人产生疲劳和疼痛，只有极少数人会克服疲劳和疼痛坚持训练，但是大多数人都不会坚持体能训练。

三、缺乏科学的体能训练指导

大多数大学生对体能训练的理解有偏差。教师是知识的传授者、课堂活动的组织者。在进行体能教学之前，教师首先要具备一定的专业知识以及技术能力，为学生讲解什么是体能训练，以及体能训练的意义和影响。在体能训练过程中，教师要结合趣味性原则，运用形成多样的训练方法，如力量训练可两人或多人一起，增加趣味性，耐力训练、速度训练可结合游戏对学生进行体能训练，避免教学方法单一。此外，教学过程中可开展竞赛的模式，提高学生的参与兴趣。如果训练方法过于单一，会使学生对训练产生枯燥感，导致训练效果大大降低，也会让大学生参与体能训练的热情下降，产生逃避、厌烦心理。

第二节　大学生体能训练的意义

一、促进身心健康

系统的体能训练可以有效地提高大学生的内脏器官功能，特别是心血管系统、呼吸系统的机能，使中枢神经系统的功能得到改善。同时，坚持锻炼可以使高校大学生克服自身惰性，保持阳光乐观的心态，使"愤怒""忧郁""恐慌"等消极情绪得到缓解，正确处理生活中遇到的问题，形成正确的"三观"。

一般体能训练可全面地发展运动员的力量、耐力、速度、灵敏、协调和柔韧等运动素质，提高运动员各个器官系统的机能，使运动员身体得到均衡发展。

二、减脂塑形，改善体质

体能训练中适当进行一些抗阻力训练会促进身体肌肉和骨骼重量的增加，锻炼停止后的一段时间，能量消耗还会继续，以便身体形成新的肌肉组织。通过抗阻训练，身体会变成一个消耗热量和脂肪的高效能机器，因此大学生如果想要减少脂肪，保持良好的身体形态，以达到减脂塑形、改善体质的目的，就一定要进行抗阻力训练。

三、提升神经肌肉连接、适应生活中的动作模式

经常进行体能训练的人在生活中遇到用力的情况，会本能地收紧核心腰背，以合理的方式发力（如弯腰提重物等）。因为在体能训练中，有很多动作如深蹲、卧推、实力举、划船等，在日常生活中都能找到与之相对应的动作模式。在反复进行这些动作训练中神经募集肌肉发力的连接已经建立，在应对外力时不需多加思考，就能以最安全有效的方式完成生活中的动作模式，对大学生提高运动素质有更加积极的意义。

体能训练的根本目的在于强健体魄，使学生德、智、体、美的全面发展成为可能，从长远规划来看，针对大学生的体能训练有助于学生身体的协调，并有利于疾病的预防。

第三节　提高大学生体能素质的对策

一、课外体育活动与体育俱乐部结合

教师应调动学生的积极性，积极组织学生参加课外体育活动，针对学生的不同兴趣，开展多项体育活动，提高活动内容的多样性，满足不同学生的需求，使他们都能参与到体育活动中来。在具体实践中，可以将体育运动进行分类以供学生进行选择：例如小球类项目，如羽毛球、乒乓球等，这类运动对场地要求较低，易开展比赛，是开展学生课余体育项目的重要选项；大球类体育项目，如排球、足球、篮球，适合多人参与，可以男女生同时参与，这类体育项目可以有效调动身体各肌肉参与，有氧无氧

结合，增强心肺功能，同时对场地有一定的要求，可以经常举办一些趣味赛、友谊赛，调动学生参加此类运动的积极性；有氧舞蹈类，主要包括街舞、健美操、瑜伽等，是以有氧为主的运动，该类项目运动量适宜，在全身运动过程中实现对体能的提升，适合女大学生参与。同时高校要加强体育俱乐部的建设，对现有的体育俱乐部结构进行优化调整，构建校园体育社团文化，合理地对各年级学生进行重组，针对学生不同的爱好和特长，建立各种体育兴趣俱乐部、运动社团。

二、开展科学专业的体能专项训练课程

大学生对体育学习与锻炼的兴趣都比较浅薄。高校可以将体能训练课程当作一门必修课，在进行专门的体能专项训练时来提高学生的身体素质。由于生理负荷的限制可能引发学生的生理、心理障碍，导致没办法更好地继续完成体能训练时，高校教师应给予及时恰当的指导与引导，保证学生科学地进行体能专项训练，增强学生对体能专项训练的成就感。同时加强学生对体育专业知识的学习，避免在后续的体能锻炼中发生危险，另外教师要以增强学生身心健康为出发点，注重学生运动能力和学习兴趣的培养，提高大学生体育文化修养水平，激发学生的运动兴趣并养成"终身体育"的理念。

三、增加体育游戏，增强体能教学趣味性

大学生接受新鲜事物的能力强，传统的体育教学缺乏趣味性、新鲜感，一成不变的教学方式难以提高大学生参与体能训练的积极性。所以在进行体能训练教学时，要适当增加一些体育游戏，利用场地、时间等创造性地设计灵活多样、生动活泼的体育游戏，保持大学生对体育锻炼形式的好奇心。针对大学生身体素质水平以及各个方面的条件不同，适当选用不同层次、不同难度、不同类型的体育游戏。同时，教师要采用分层教学的方式，考虑每一名学生的个体差异，为不同身体素质的学生安排难易程度不同的体育锻炼活动，适当穿插体育对抗类竞赛，以增强团队凝聚力和团队协作能力。

四、树立大学生体能健康锻炼的理念

在高校体育课程改革的过程中，要切实转变与创新高校体能健康锻炼的理念，结合大学生身心健康发展的需求，充分发挥学生的主体地位，培养学生的体能健康锻炼知识与技能，促进大学生身心健康发展。在具体落实的过程中，要善于发掘学生的运动潜能，实现训练与体能锻炼的联动提升。当前高校的体育课程内容相对单一，不利于学生的体育兴趣与终身体育习惯的培养。所以，将体质健康教育纳入高校体育课程，对丰富训练内容，促进大学生训练实践与意识的发展，满足不同大学生的体育健身需求与选择，促进大学生健康行为与意识的培养都有着重要意义。

五、全面提升高校体育教师的专业水平

在高校开展体能训练的过程中，体育教师是训练、比赛的主导者与组织者，因此，打造一支高水平的体育教师队伍，是实现高校大学生体能水平提升的基础。这就需要教师从教学、训练、科研三个方面入手，完善与创新高校大学生体能教学的思路。

六、全面改革与创新体能训练的模式

为有效实现高校大学生体能发展的实效性，促进大学生体能训练的科学化，减少不科学的体能训练对大学生的不良身心影响，要求在大学生进行体能训练时，教师要做好体能训练方法、评价方法、激励手段的创新。

(一)创新体能训练方法

在科学的运动负荷引领下，借助具有趣味性的练习方式，强化大学生体能训练的效果。例如，在对大学生进行耐力素质训练的过程中，教师通过增加耐力素质训练的趣味性、多样性来激发大学生参与耐力训练的兴趣，可通过创新跑步路线、跑步环境等来实现体能训练的优化。

(二)做好大学生体能训练评价的创新

相关研究表明，科学的训练计划、有效的评价方式是保证大学生体能训练的基础。为全面提升高校大学生体能训练的有效性，更好地实现大学

生身心素质发展，教师要在掌握大学生基本健康状况与运动能力的基础上，创新评价方式与训练方法，促进大学生体质健康锻炼。

(三)创新大学生体能训练的项目与内容设置

新兴体育运动项目的引进与教学，能够更好地满足高校大学生求新、求异的学习心理。体质健康锻炼的开展是以娱乐、健身作为手段，在促进大学生身体锻炼效果提升的基础上，缓解大学生在学习、就业等方面带来的压力。因此，在高校体质健康教学的过程中，学校与体育教师要加大对新兴体育运动项目的引进，以提升高校大学生参与体质健康锻炼的积极性。同时，要结合高校所在的区域特征，引入适于大学生身心健康发展的本土运动项目。例如，校园定向越野项目能够满足大学生探险等身心需求；而器械类体质健康运动，则可以锻炼大学生的动手能力，增强大学生创新思维意识。

第四节　大学生体能训练的基本内容

一、力量训练

力量是人身体运动最基础的一种能力，不管是跑步速度训练还是耐力训练或是运动技术学习等，都需要力量的支持。

力量训练的方式有很多，因其训练较为方便，一般情况下可通过杠铃进行训练，而杠铃可分为卧推、扩胸、深蹲等方式。在这种器械训练过程中，应将杠铃的重量由轻到重缓慢增加，先进行较轻杠铃的训练，然后逐步增加重量，给身体一个适应的过程，以便身体更好地接受。

力量是每个运动员提高身体综合素养的基础，并且力量训练也能防止肌肉受损，对身体局部损伤具有一定的康复作用，是大学生体能训练的重要内容之一。

二、耐力训练

耐力是人身体在长时间中从事某一运动，在特定强度负荷下战胜疲劳、保持生机和活力的一种能力。

参赛人员要想在球类运动、登山运动、田径运动等运动项目中取得优异成绩，需要具有良好的耐力，其中马拉松比赛是最能展现运动员耐力的运动项目。持久的耐力对超强负荷训练后的身体恢复有着重要作用。为了在强度较高的竞赛中获得满意的成绩，就需要参赛者具有良好的耐力素质。

三、协调性训练

协调能力实际上是一种时空相互配合来实现的能力。只有具备良好的协调性，才能够精准完美地表现技术动作，发挥身体肌肉群的协作能力。

协调性的训练方式多种多样，单纯的跳跃动作便有多种类型，比如前后跳、跳跃转向、纵跳以及方形跳等。移动训练协调性的方法也有很多，比如变换方向跑步、障碍跑、迅速转体跑等。具有良好协调性的人，在训练过程中就比其他人更加轻松，某些技术动作也能较好地展现。因此，协调性训练是大学生体能训练不可缺少的内容之一。

第五节　大学生体能训练的注意事项

一、制订科学的体能训练计划

运动量的合理设计。学校和教师需要对运动量进行合理设计，以保证体能训练效果的最优化。对于高校体育教育而言，一方面需要兼顾到整体训练效果，另一方面也要确保在体育运动方面有优势的人才得到发展机会。

因此，在保证体育教育中基本体能训练任务完成的前提下，还需要针对学生的年龄、性别、身体发展状况等进行科学合理的运动方式设计，特别是要保证运动量的合理性。因为大学阶段学生正处在肌肉快速发展时期，使之接受体操、负重行走等富于力量指向特征的练习，可以帮助其增强肌肉力量，保证形体朝理想状态发展，促进肌肉有氧运动水平的提升。根据大学生的生理发展特点，进行类似的运动时，应当把时间控制在每天1~1.5小时。

与此同时，还需要注意在运动过程中强调循序渐进的理论，由小运动量逐步攀升至大运动量。教师要指导学生对训练计划进行合理安排，长期坚持既定目标计划，唯有如此，方可以保证体能训练产生良好效果。随着时代的进步，高校体能素质发展过程已不再是一成不变的枯燥无味的大运动量堆积，而是遵循教师主导性与学生主体性的课堂标准进行。对于大学生来说，教师的主导性不再是教师要求，更多的是教师的引导，这也对教师的专业水平提出了更高的要求，所以在制订体能训练计划的过程中首先要确保教师有过硬的职业素养，学校应组织建设一流的师资团队，共同探索并制订体能训练计划。

在制订体能训练计划的过程中，应该遵循学生身心发展的规律，循序渐进，逐步加大运动量，也应根据学时、季节等因素制订相应的体能训练计划。创新型体能训练的模式不仅是当前新课程发展的必然要求，也是为了进一步适应时代的发展和变革而采取的进步手段，体育教学必须有所创新才能满足学生的多元化需求。

二、运动时间的合理利用

因为我们国家教育体制的限制，大学阶段的基础体育教育时间并不是很长，每周两次、每次仅仅四十余分钟的课程，是不足以产生理想体能训练效果的。所以，体育教师应当认识到这个问题，将体育课时间充分利用起来，让学生借此机会充分了解体能训练的作用与意义，使大学生产生在课余时间做好体能训练的意识。与此同时，教师还要把体育课自身的锻炼功能发挥出来，从每次上课之前的热身运动入手，比如可以适当增加300~400米的慢跑训练，用于学生身体机能的调动，保证体育课堂本身的教学效果。

三、训练与娱乐性相结合

现代教育提倡寓教于乐，对学生主体性的要求更高，所以课上教师要根据学生兴趣开展体能训练项目，目的在于提高学生们的训练积极性，不把体育课当作一种负担。教师引导学生参与到体能训练过程中，需要提高学生们的训练兴趣，可以通过体育游戏的方式来激发学生们的训练热情，如准备活动可以采用一些运动量较大的游戏进行，也可以利用一些双人拉伸动作进行热身。在正式开始技术教学的过程中，使用体能器械进行跑跳练习，学生的学习热情也会更加高涨，最后以比赛的形式结束上课，也会让学生们对下节课有所期待，这就是训练与娱乐性相结合的教学方式。

四、训练与健美相结合

大学生应具有正确的审美理念，这样才能严格要求自我。大学生为了个人健美身材主动进行体能训练，希望能够增强耐力、身体力量、身体柔韧性以及敏捷的反应能力。这些身体素养既能够让他们外在形象变得更好，同时也会在日后的生活工作中发挥至关重要的作用。例如，敏捷的反应能力可以帮助大学生应对将来工作中的各种突发情况，良好的耐力能够使他们在长期做好某件事情方面比其他人更有耐心。

健身健美目标的实现只有通过体能训练这一条途径，普通体型要上升到健美健身的层次，首要任务就是进行塑身锻炼，但对于体型偏瘦的学生群体，健身健美主要是为了增强身体素质，强化自身基础。对已经具有完美身材的学生来说，他们的任务是长期保持，应让这部分学生深刻意识到健美和学习一样重要，若无法长期坚持，将会影响自身身材。

高校及体育教师应对其给予高度重视，并将其纳入教育规划中。体育教师不仅要深刻意识到体能训练的重要性，还要了解广大学生身体素质现状，进而根据力量训练、耐力训练、协调性训练等内容，为大学生制订切实有效的体能训练计划。通过竞赛和娱乐相结合、训练与考核相结合、训练与健美相结合等有效方法，提高大学生体能训练的有效性，从根本上增强广大学生的身体综合素质。

五、训练指导方法得当

偏向于基础功能的体能训练，大致可以被划分成如下四个方面，即耐力方面的训练、力量方面的训练、侧重于平衡的训练，以及侧重于柔韧性方面的训练。比如其中的耐力训练多数应用长跑手段，对于大学阶段学生来说，可以将 800 米定为一组，根据学生自身情况每天坚持 1~3 组不等，也可以参考自身耐力进步情况，适当增加运动量。再比如力量方面的训练多指腿部力量及上肢力量，其中采取鸭子步行走的方式，对大学生大腿力量训练来说是比较有效的方法；而采取踮脚跳的方式，则有助于大学生小腿力量训练；采取俯卧撑手段，是提升上肢力量的常用策略等。除此以外，平衡训练、柔韧训练等也各有技巧。高校体育教师如果能够在实践中加以总结，是完全可以带动学生应用更加恰当的训练技巧进行训练的。

六、综合能力的检验性训练

高校体育教师在带动学生完成体能训练的过程中，既要注意过程的科学性，也要注意结果的真实性，不能做"克终者盖寡"的事情。在高校阶段，弹跳力的检验性训练效果突出，该方法综合展现了学生的身体均衡力量、运动速度、思维速度，以及身体柔韧性等多项指标，属于基本的体能训练及检验方案。除此以外，像具有多种类型的、有助于学生身体协调性完善的体操，同样具有检验性训练的功能。无论如何，这些方法的合理应用，都应当成为教师了解学生能力、促进学生进步的纽带。也正因为如此，在高校阶段的体育教学过程中，教师不但要注意长跑、俯卧撑、引体向上等单一的体能训练方式的应用，而且要关注不将体能训练局限在某一体力强化的综合性训练项目上，从而保证学生身体综合素质的客观呈现。

七、制定适宜的体能考核方案

高校体育教师在组织学生进行体能训练的过程中，不仅要关注过程的科学性，也应注重结果的真实性。体能训练是提升学生身体素质的重要途径，因此这也是学生必要的考核项目之一，直接关系到学生的毕业成绩，成为学生必须要重视的问题。在课程结束之际，教师应制定相应的课程考核方案，根据课程计划标准来评价学生的体能测试成绩。为了提高当代大学生的身体素质，教师有时也需要采用一些强制性的手段来刺激学生们的锻炼积极性。

八、有益于体能训练的饮食建议

大学生正处在身体发展的关键时期，因此体能训练时的饮食也要引起足够重视。饮食能给学生提供足够的能量，为其身体融入训练提供基础。另外，合理的饮食可以帮助运动者从疲劳感中快速恢复过来，促进热能储存的效果，如果运动过程偏向激烈化，那么这种效果将体现得尤为明显。反之，如果运动过程中出现碳水化合物摄取量不足等问题，则会造成运动者的肌肉肝醣含量降低，影响其身体健康。也就是说，从配合体能训练的角度考虑，高校体育教师需要在理论课教学时，关注学生的饮食习惯问题，让学生掌握一定的运动饮食知识。

第三章　体能训练的方法选择

第一节　科学的体能训练

随着社会经济的发展，人们生活水平的提高、认知范围的扩大、知识的丰富，社会大众对健康的关注度越来越高，更多的人会提到甚至参与体育体能训练，但是参与体育体能训练的人群主要还是中老年人，大部分年轻人经常以各种借口拒绝参与体育体能训练。据统计，1968 年美国有 24% 的成年人开始自觉地参加运动，在此后的 15 年里，美国心肌梗塞引起的死亡率下降了 37%，高血压引起的死亡率下降了 60%，人们的平均寿命从 70 岁增加至 75 岁。由此可见，运动是身体健康的有效添加剂。科技的发达、生产和生活设施的日益自动化，客观上促进着人们的体育需要，主观上促进人们对回归自然的向往，在这种状况下促进体育运动的意义更加突出。进入 21 世纪，健康的概念有了新思潮，换言之，健康意味着不断适应变动不止的生物环境和社会环境。也就是说，人的健康是生命运动的过程，是一种积极的、能动的追求。

每个人的体质不同，所能承受的运动量以及工作性质和生活习惯也不同，在运动项目、时间、强度和频度方面也可以有不同的选择。每天的运动可以分为两部分：一部分是日常生活中消耗较多体力的活动，另一部分是专门的体育体能训练活动。养成多动的生活习惯，每天都有一些消耗体力的活动，是健康生活方式中必不可少的内容。用日常生活中的一些体力活动来减少看电视、打牌等久坐少动的时间，比如：上下楼梯、短距离走路和骑车、搬运物品、清扫房间等都可以增加能量消耗，有助于保持能量平衡，降低发生心血管病等慢性疾病的风险。生活中人们需要更多的运动，可以是达到中等强度的日常活动，也可以是体育体能训练。

活动量应视个人体质而定，每次活动应达到相当于中速步行 1000 步以上的活动量，每周累计约中速步行 2 万步活动量。体质好的人，可以适量增加运动强度和运动量；体质差的人活动量可以少一点。运动体能训练应量力而行，强度大的运动项目心脏所承受的体能训练负荷较大，可缩短训练时间。不论运动内容是什么，适当多活动，消耗更多的能量，对保持健康身体都有帮助。建议每天各种活动量累计达到相当于 6000 步的活动量，每周约相当于 4 万步。

一、运动强度

运动强度指身体训练对人体生理刺激的程度，运动强度是构成运动量的因素之一。运动强度常用生理指标表示其量值，如以心率衡量学校体育课运动量的大小。一般认为，运动强度和运动量大小之间的等级如表 1-1 所示。

表 1-1　运动强度与运动量关系

运动强度级别	运动量大小
<120 次/分	运动量小
120~150 次/分	运动量中等
150~180 次/分或>180 次/分	运动量大

运动能促进心脏和呼吸功能，增加肌肉强度和骨质密度，提高反应灵敏度，减少抑郁感，从而增强体质。因此有不少人认为，加大运动强度和持续时间，会对健康长寿更有利，其实这是不科学的。

一般来说，超强运动无益于身体健康。生理学家曾进行了两项研究，一是比较低强度和高强度运动对人体心血管系统的影响；二是测定连续运动和间断运动时，血压与心率的变化情况。结果表明，低强度和间断运动均能对健康产生良好影响。因此，专家们提示，每天进行低强度运动，不仅有益于健康，而且可以减少心脏病发作的危险性。

二、运动时间

时间是物质存在的形式之一，是指物质运动过程的顺序和持续性。而身体运动时间就是指人完成运动动作所必需的时间(可用计时器测量),也就是运动持续时间。体育运动的时间是与运动速度和运动节奏密切联系在一起的。运动时间的长短可依据所选择的运动项目、运动难度及本人的主观感觉来决定。在已经确定的运动强度范围内,以轻微疲劳而休息后得以解除为前提。

运动的最佳时间:对于一般人来说,运动的最佳时间选择下午三点至晚九点,长短控制在半小时到 1 小时为宜。

三、运动项目

体育运动项目是为了强身祛病、娱乐身心及提高运动技术水平所采用的各项活动内容和方法的总称,通常也叫运动项目或体育手段。人们在长期的社会实践中逐步形成的各种身体活动,其中对身心有益的内容,被人们有意识地加以运用,逐渐产生和形成了体育项目。随着社会和科学的进步,体育项目在不断地更新和发展。

根据运动对个体的体能训练效果,体育运动项目可分为有氧运动和无氧运动两种类型。有氧运动是指人体在氧气充分供应的情况下进行的体育体能训练,即在运动过程中,人体吸入的氧气与机体对氧气的需求相等,达到生理上的平衡状态。简单来说,有氧运动是指任何富有韵律性的运动,其运动时间较长(约 15 分钟或以上),运动强度在中等或中等以上的程度(最大心率在 75% 至 85% 之间)。有氧运动指的是人体运动时体内代谢是以有氧代谢为主的耐力性运动,其特点是强度不大(中等运动量)、有节奏、不中断和持续时间较长。有氧运动能使人吸收比平时多几倍至几十倍的氧,明显提高机体的摄氧量,并且有氧运动过程中产生的中间代谢产物是水和二氧化碳,可以很容易通过呼吸排出体外,对人体无害。

无氧运动是指肌肉在相对缺氧的状态下高速剧烈地运动。无氧运动大部分是负荷强度高、瞬间性强的运动,所以很难持续长时间,而且疲劳消除的时间也慢。由于速度过快和爆发力过猛,人体内的糖原来不及经过氧气分解,而不得不依靠无氧酵解供能。这种运动会在体内产生过多的乳酸,导致肌肉疲劳从而不能持久运动。无氧运动后感到肌肉酸痛,呼吸急促，对人体影响较大，对于健身塑形的人群来说比较适用，再就是适用于力量型、速度型项目运动员的运动训练。

常见的有氧运动项目有：步行、快走、慢跑、竞走、滑冰、长距离游泳、骑自行车、打太极拳、跳健身舞、跳绳、做韵律操、打篮球、踢足球等。同举重、赛跑、跳高、跳远、投掷等具有爆发性的无氧运动相比较，有氧运动是一种恒常运动，是持续5分钟以上还有余力的运动。

常见的无氧运动项目有：短跑、举重、投掷、跳高、跳远、拔河、俯卧撑、潜水、肌力训练(长时间的肌肉收缩)等。

四、运动频率

运动频率指一段时间内的体能训练次数，通常是指每周运动的次数。健身运动的效果是在每次运动对人体产生的良好作用的逐渐积累中显示出来的，是一个从量变到质变的过程，所以人们要经常进行体能训练，或根据不同的运动目的，实施一定周期的运动。

如果以健身或康复为目的，一般人的运动频率应以每周三次以上为宜，同时还应结合每次运动的强度、持续时间、个体的身体恢复情况，以及对运动的适应能力等因素综合考虑。如果每次体能训练的运动量不大(但要达到体能训练效果的最低强度)，也可增加运动频率，只要没有疲劳的积累，对身心健康就是有益的。每天运动一次，甚至两次，使体育体能训练成为生活方式的组成部分，作为每天生活中的习惯性活动。有人研究观察到，当每周体能训练多于三次时，最大摄氧量的增加逐渐趋于平坦；当体能训练次数增加到五次以上时，最大摄氧量的提高就很小；而每周体能训练少于两次时，摄氧量经常不引起改变。由此可见，每周体能训练3~4次是最适宜的频度。但由于运动效应和蓄积作用，两次体能训练间隔不宜超过3天，作为一般健身保健，如果能坚持每天一次体能训练当然更好。

五、运动时间带

运动时间带是指运动的时间点的选择，也就是个体在哪些时间点运动。运动时间带应根据人的生物节律周期及日节律来合理安排。研究发现，高强度运动可在饭后两小时进行；中强度运动应该安排在饭后一小时进行；低强度运动则在饭后半小时进行最合理。据此可以推出几个最优运动时间段，如图1-1所示。

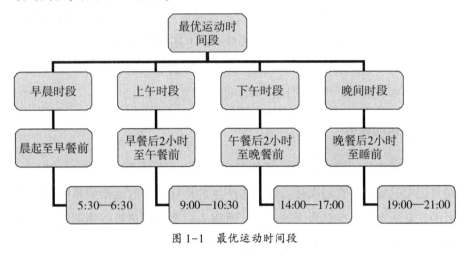

图1-1　最优运动时间段

以上各时段运动都有利弊。如早晨时段，人体进行剧烈运动时，可促使交感神经兴奋起来，这种急速变化可使机体产生一系列的变化，并影响全天精神状态，对健康有害。另外这个时段血糖正处于低水平，运动会消耗大量的血糖，容易导致低血糖。而在上午、下午时段运动，则又受上课、上班、工作等客观因素的影响。

现代运动生理学研究表明，人体体力的最高点和最低点受机体生物钟的控制，一般在傍晚达到高峰。比如，身体吸收氧气量的最低点在下午6：00；心脏跳动和血压的调节在下午5：00到6：00之间最平衡，而身体嗅觉、触觉、视觉等也在下午5：00到7：00之间最敏感，因此，综合来看傍晚体能训练效果比较好。此外，人体在下午4：00到7：00之间体内激素的活性也处于良好状态，身体适应能力和神经的敏感性也最好。所以，专家提倡在傍晚进行体能训练，但在晚间时段，要注意运动强度，否则强度过高会使交感神经兴奋，妨碍入睡。

饭后一段时间不适宜运动。饭后胰岛素分泌上升，可抑制脂肪的分解，能量的来源就受到限制。由于脂肪分解少，减肥运动也不宜在这个时间段进行。另外，饭后一段时间运动会刺激肠胃，会给肠胃带来机械性刺激，使肠胃内的溶物左右、上下震动，可能引发呕吐、胃痉挛等症状。需要注意的是，饭后血液都集中到胃里去消化食物了。美国芝加哥大学临床研究中心发表的一份研究报告说，人体生物钟在机体对运动的反应中起到比以前认为的更为重要的作用。这一结果可能会改变人们早上进行体能训练的习惯。研究中心对年龄在 30—40 岁的 40 名男子进行了一天内不同时间段机体(荷尔蒙水平)对运动反应的研究，结果发现，晚上和夜间两个时间段中，人体新陈代谢的关键物质荷尔蒙对身体体能训练的反应是最强烈的。人体进食后体内副交感神经易受到抑制，此时机体若要进行体能训练，运动效果会大打折扣。吃饱饭后消化器官需要大量血液消化吸收，当全身肌肉在运动时，也需要大量血液参与，于是就会夺取消化器官的血液量，导致消化吸收功能紊乱，这种紊乱既影响运动效果又危害机体。

第二节　常见的体能训练运动项目简介

一、跑步运动

跑步运动是人们最常采用的一种身体体能训练方式，这主要是因为跑步运动技术要求简单，无须特殊的场地、服装或器械。无论在运动场上或在马路上，甚至在田野间、树林中均可进行跑步体能训练。各人可以自己掌握跑步的速度、距离和路线。

跑步运动能够提高睡眠质量。通过跑步，大脑的供血、供氧量可以提升 25%，这样，夜晚的睡眠质量也会跟着提高。跑步还能增强肺通气量，排出肺无效腔中的沉积气体，在跑步的过程中，肺部的容量平均从 5.8 升上升到 6.2 升，同时，血液中氧气的携带量也会大大增加。跑步运动还能增强心脏泵功能，跑步时心脏跳动的频率和功效都大大提高，心跳、血压和血管壁的弹性也随着升高。跑步可增强自身免疫力，主要表现为促进白细胞和热原质的生成，它们能够消除我们体内很多病毒和细菌。经常进行慢跑训练，肌腱、韧带和关节的抗损伤能力都会有所加强，减少运动损伤的概率。同时，皮肤、肌肉和结缔组织也可以变得更加牢固。通过跑步，女性体内的脂肪含量可以减少 12%~20%，男性可以减少 6%~13%。慢跑还能消除紧张感，抑制肾上腺素和皮质醇这两种造成紧张的激素的分泌，同时可以释放让人感觉轻松的内啡肽。经常运动，生长激素的分泌会增多，并且可以延缓衰老，使人保持年轻的状态。跑步还能增强能量储存的能力，通过跑步，肌肉肝糖原的储存量可从 350 克上升到 600 克，同时线粒体的数量也会上升。

二、小球运动

小球运动是一项隔着球网，使用长柄网状球拍击打平口端扎有一圈羽毛的半球状软木的室内运动。依据参与的人数，小球运动可以分为单打与双打。相比于性质相近的网球运动，小球运动对选手的体格要求并是不很高，却比较讲究耐力，极适合东方人参与。自 1992 年起，小球成为奥运会的正式比赛项目。无论是进行有规则的小球比赛还是作为一般性的健身活动，小球运动都要在场地上不停地进行脚步移动、跳跃、转体、挥拍，合理地运用各种击球技术和步法将球在场上往返对击，从而增大了上肢、下肢和腰部肌肉的力量，加快了体能训练者全身血液循环，增强了心血管系统和呼吸系统的功能。

据统计，高强度小球运动者的心率可达到每分钟 160~180 次，中强度小球运动的心率可达到每分钟 140~150 次，低强度小球运动者的心率也可达到每分钟 100~130 次。长期进行小球体能训练，可使心跳强而有力，肺活量加大，耐久力提高，包括肩周的运动和颈椎的活动，但是过大的运动量会导致腰肌劳损。小球运动适合于男女老幼，运动量可根据个人年龄、体质、运动水平和场地环境的特点而定。青少年可将其作为促进生长发育、提高身体机能的有效手段进行体能训练，运动量宜为中强度，每次活动时间以 40~50 分钟为宜。适量的小球运动能促进青少年身高增长，能培养青少年自信、勇敢、果断等优良的心理素质。老年人和体弱者可将小球运动作为保健康复的方法进行体能训练，运动量宜较小，每次活动时间以 20~30 分钟为宜，达到出出汗、弯弯腰、舒展关节的目的，从而增强心血管和神经系统的功能，预防和治疗老年心血管和神经系统方面的疾病。儿童可将小球运动作为活动性游戏方法来进行体能训练。在训练过程中，要让少年儿童在阳光下奔跑跳跃，并要求他们能击到球，培养他们不畏困难、不怕吃苦、不甘落后的品质。小球运动在中国有着良好的群众运动基础。

三、篮球运动

篮球运动是对抗性体育运动之一，以投篮、上篮和扣篮为中心，两队参与，每队出场 5 名队员，目的是将球投入对方球篮框中得分，并阻止对方获得球权和得分。队员在规则的限制下，可将球向任何方向传、投、拍、滚或运。篮球比赛的形式多种多样，其中最流行的是街头三人篮球赛。篮球运动涵盖了跑、跳、投等多种身体运动形式，且运动强度较大，因此，它能全面、有效、综合地促进身体素质和人体机能的全面发展，提高和保持人的生命活力，为人的一切活动打下坚实的身体(物质)基础，从而提高生活的质量。经常打篮球不仅能提高个体生命活力，还能促进个性发展，通过训练和比赛的过程，能使参与者的自信心、情绪控制、意志力、进取心、团队凝聚力、自我控制与约束力等方面都得到良好的发展，还可培养参与者的团结拼搏、文明自律、遵纪守法、尊重他人等良好道德品质和集体主义精神。

四、游泳运动

游泳运动是在水上靠浮力漂浮，借自身肢体的动作在水中运动前进的技能。游泳运动可分为竞技游泳和实用游泳，竞技游泳是奥林匹克运动会中的第二大项目，它包括蝶泳、仰泳(也称背泳)、蛙泳和捷泳(也称爬泳或自由泳)四种泳姿的竞速项目，以及花样游泳等。

游泳运动可改善心血管系统的机能。游泳运动对心血管系统的改善具有相当重要的作用。冷水的刺激通过热量调节作用与新陈代谢能促进人体血液循环；此外游泳时水的压力和阻力还对心脏和血液的循环起到特殊的作用，在水面游泳时，身体所承受的水压就已达到每平方厘米 0.02～0.05

千克，潜水时随着深度的加大，物理条件的变化，压力还会增大，游泳速度的加快也会加大压力负荷，心房和心室的肌肉组织能得到加强，心腔的容量也能逐渐有所加大，心脏的跳动次数减少，这样心脏的活动就能节省化，整个血液循环系统能得到改善，静止状态下舒张压有所上升，收缩压有所下降，因此血压值变得更为有利，血管的弹性也有所提高。根据有关专家统计，一般人在安静状态下每分钟心脏跳动约 66~72 次，每搏输出量约为 60~80 毫升，而长期参加游泳体能训练的人，在同样情况下每分钟心脏只需收缩 50 次左右，每搏输出量就会达到 90~120 毫升。

游泳运动能提高个体肺活量。一般人的肺活量大概为 3200 毫升，呼吸差（最大吸气与最大呼气时胸围扩大与缩小之差）仅为 4~8 厘米，剧烈运动时的最大吸氧量为 2.5~3 升/分钟，比安静时大 10 倍，而游泳运动员的肺活量可高达 4000~7000 毫升，呼吸差达到 12~15 厘米，剧烈运动时的最大吸氧量为 4.5~7.5 升/分钟，比安静时增大 20 倍。游泳促使人呼吸肌发达，胸围增大，肺活量增加，而且吸气时肺泡开放更多，换气顺畅，对健康极为有利。

此外，游泳运动能加强皮肤血液循环，保持皮肤光洁；增强抵抗力；增强个体对温度的适应力；保持全身线条流畅、优美。

第三节　体能训练与控制体重

一、肥胖

(一) 肥胖的定义

肥胖是指由于遗传和环境因素导致人体摄入能量大于消耗能量时，体内脂肪尤其是甘油三酯积蓄过多和分布异常，以至于体重超常的病症。其可分为单纯性肥胖、继发性肥胖和药物引起的肥胖。最常用的肥胖判断标准是体重指数，其计算公式为 $BMI = 体重/身高^2$，在亚洲地区具体判断标准如表 1-2 所示。

表1-2 亚洲人群的体重指数判断标准

分 类	体重指数(kg/m^2)	相关疾病危险度
正常范围	18.5~22.9	平均水平
超重	23~24.9	轻度增高
肥胖	25~29.9	中度增高
严重肥胖	>30.0	严重增高

除了可以用体重指数作为判断标准外，还可以选择理想体重与肥胖度的关系、腰臀比、体脂含量、皮褶厚度等指标来判断是否肥胖，最准确的评判指标当属体脂含量。

(二)肥胖类型

肥胖分为单纯性肥胖、继发性肥胖和药物引起的肥胖。

单纯性肥胖是各类肥胖中最常见的一种，占肥胖人群的95%左右。这类病人全身脂肪分布比较均匀，无内分泌紊乱现象，也无代谢障碍性疾病，其家族往往有肥胖病史，这种主要是由遗传、环境或营养过度引起的肥胖，分为体质性肥胖和获得性肥胖。体质性肥胖是指经遗传基因导致的肥胖。获得性肥胖是指由于环境或营养过度和其他的一些因素引起的身体超过正常的指数标准所导致的肥胖。

有内分泌代谢病的病因可寻者称为继发性肥胖症。由于继发性肥胖症通过饮食调节和运动减肥效果并不明显，所以应该先治疗引起肥胖的病根，然后通过饮食、运动、药物来进行减肥，恢复身材。

药源性肥胖根据不同的致病因素，又可以分为四种不同的肥胖类型：药源性肥胖一，由于摄入某种药物导致的药物性肥胖，如雌激素以及含雌激素的避孕药有时会使妇女发胖，或者说容易使妇女发胖，雌激素使人食欲增加，导致水分和脂肪的潴留；药源性肥胖二，肾上腺皮质激素类药物，如可的松、氢化可的松、地塞米松等，在有效治疗过敏性疾病、风湿病、类风湿病、哮喘的同时，也可使患者形成继发性肥胖；药源性肥胖三，用于治疗精神分裂症的氯丙嗪、用于治疗结核的雷米封(异烟肼)、降血压药物利血平，这些药物通过对下丘脑产生化学作用，会使人的食欲增加，小剂量药物几乎不会造成什么危险(尚有用小剂量氯丙嗪治疗减肥期间的焦虑不安情绪)，但是，应避免长期应用；药源性肥胖四，用于治疗胃疼、眩晕的灭吐灵，助消化药物酵母片，蛋白质合成剂苯丙酸诺龙、胰岛素等，均能导致身体发胖。很多情况下，药源性肥胖会造成顽固性肥胖。

(三)肥胖原因

肥胖的原因大致可以分为遗传、环境、生活行为方式、神经内分泌和体内的某些细菌等。这些因素将直接或间接影响青少年的体重指数和正常的体重，从而导致青少年单纯性肥胖的加剧甚至恶化。

1. 遗传因素

肥胖大多被认定为多因子遗传。父母的体质遗传给子女时，并不是由一个遗传因子决定，而是由多种遗传因子来决定子女的体质，所以称为多因子遗传，例如非胰岛素依赖型糖尿病肥胖，就属于这类遗传。父母中有一人肥胖，则子女有40%肥胖的概率，如果父母双方皆肥胖，子女可能肥胖的概率升高至70%~80%。而遗传因素对肥胖的影响是多方面的，具体表现为以下几点：

(1)遗传因素影响体重指数、皮下脂肪厚度及内脏脂肪含量，且对内脏的脂肪的影响尤为突出。

(2)遗传可影响个体的基础代谢率、食物的热效应和运动的热效应，能量的支出受遗传因素的影响，个体能量支出的差异可达40%以上。

(3)过度饮食后的体重增加敏感性是由遗传决定的。个人体力活动的多少也受遗传的显著影响。

(4)遗传不仅影响肥胖的程度，并且对脂肪分布类型也有很大的影响。

(5)遗传因素不仅影响青少年身体成分，而且影响性别和年龄的一些特征。

2. 生活行为方式因素

随着我国经济的不断发展，我国在各层次各领域的竞争尤为激烈，生活节奏逐渐加快，导致人们的压力日益增加，为了适应社会的发展，人们日常生活的方式和节奏也随之改变，从而加剧了肥胖的发生。这些行为方式主要表现为：

（1）运动不足

运动有助于消耗脂肪，在日常生活中，随着交通工具的发达，工作的机械化，家务量减轻等，一方面人体消耗热量的机会更少，另一方面因为摄取的能量并未减少，从而形成肥胖。肥胖导致人体日常的活动趋于缓慢，更再次降低热量的消耗，导致恶性循环，助长肥胖。

（2）饮食过量

很多人都有着"能吃就是福"的观念，现今社会，食物种类繁多，各式各样的美食常在引诱人们，再加上"大吃一顿"几乎成了一种普遍的娱乐方式，这当然成为造成肥胖的主要原因。因此摄入的能量超过机体的消耗量，造成脂肪化解为热量而消化掉的生化过程受到限制，致使多余的能量转换为脂肪，使体重增加，体脂增多。

（3）不良的个人习惯

不良的个人习惯是造成肥胖的原因之一，比如抽烟、酗酒、晚睡晚起、棋牌娱乐、暴饮暴食、长时间玩电子游戏而久坐等。随着社会发展，生活节奏快而乱，交际成了一门社会学常识，然而烟酒、游戏、棋牌娱乐都是社交的一种门面，殊不知这些东西里存在着一种隐形杀手逐渐侵蚀身体。烟草中有许多致癌物，同时也有一些物质会使机体内的成分发生紊乱和变性，导致某些器官的代谢失调从而引发肥胖。长期酗酒又是肥胖的催化剂；长时间玩电子游戏和棋牌娱乐就会长时间坐着不动，减慢了血液循环的速率，使身体处于疲劳状态，久而久之机体内的器官代谢异常、功能紊乱，就不能将有害物质很快排出体外，而每天又不断地摄入能量，使机体内的收支不平衡，进多出少，从而导致肥胖。

3. 环境因素

影响肥胖的环境因素主要是家庭、学校、社会。环境因素对肥胖的影响随着社会的发展而不断发生着变化，现代社会经济迅猛发展和社会不断转型，人们的生活节奏也不断加快，生活方式发生着改变，并且各方面压力剧增，人们面对学习、工作不断改变自己的人生观、价值观。这些改变让现代人的身心健康和体型特征逐渐偏离正常轨道，从而为肥胖的发生创造了可乘之机。

4. 心理因素

为了解除心情上的烦恼、情绪上的不稳定，不少人也是用吃来发泄，这都是饮食过量而导致肥胖的原因。

5. 神经内分泌因素

人的下丘脑有两个调节摄食活动的神经核：一是腹外侧核，称为饥饿中枢；另一是腹内侧核，称为饱腹中枢。如果饱腹中枢受到损伤，就会引起摄食过量而导致肥胖。同时，情绪对人的进食行为也有显著的影响，当精神过度紧张、悲伤和焦虑时食欲就会被抑制，而精神舒畅、心情愉悦时，食欲就会增加，这也是导致肥胖的诱因。

6. 体内某些细菌影响

人体肠道里生活着大约 1000 种细菌，统称为肠道菌群，其总重量大约有 1.5 千克。2004 年以来，包括赵立平教授实验室在内的多个研究组都观察到高脂饲料喂胖的小鼠的肠道里病菌增加，有益菌减少。深圳华大基因研究院近日在自然杂志发表论文，发现条件致病菌的增加和能产丁酸盐的有益菌的减少是糖尿病人菌群的主要特征。但是，由于这些结果都是用相关分析的方法获得的，学术界对于人体肠道菌群结构变化是肥胖、糖尿病的原因还是结果，一直存在争议。赵立平教授实验室在做这项研究时，遵循了证明某种细菌是引起传染病的病因的科赫法则的要求，先在人体内发现某种细菌与肥胖相关，然后把这种细菌分离出来，在动物模型里把疾病复制出来，从而证明这种细菌是该病人肥胖的原因而不是结果。国际上首次证明肠道细菌与肥胖之间具有直接因果关系的实验，已经由上海交大赵立平教授领导的实验室证明，一种叫作阴沟肠杆菌的肠道细菌是造成肥胖的直接元凶之一。

二、肥胖的弊端

肥胖的人常伴有代谢综合征，与肥胖关系密切的慢性非传染性疾病以及肥胖对个体生活、工作、学习的影响如下。

（一）肥胖是糖尿病的主要致病因素

据世卫组织估计，目前全世界约有糖尿病人 1.7 亿，到 2025 年将增加到 3 亿人。研究表明肥胖是糖尿病的主要致病因素，人体体重每增加 1 公斤，患病的危险就增加 5%。肥胖者发生 Ⅱ 型糖尿病的危险性是正常人的 3 倍。约 50% 的肥胖者将来会患上糖尿病。调查显示，80% 的 Ⅱ 型糖尿病患者在确诊时超重。肥胖可以使 Ⅱ 型糖尿病患者的期望寿命缩短多达 8 年。我国青少年糖尿病患者已占全部糖尿病人数的 5%，并且每年以 10% 的幅度上升。

（二）肥胖病人常伴随有高血压、冠心病、高血脂等心血管疾病

肥胖人群中，高血压发生率较正常人群高。肥胖病人的血压高表现为其舒张压和收缩压均升高，升高程度与肥胖的程度成正比。肥胖病人脂肪组织大量增加，导致血液循环增加，心脏每分钟输出量及每搏输出量增加使心脏长期负担过重，左心室肥厚而导致血压升高。由于左心室肥厚可增加冠心病和心律失常等的发生概率，因而肥胖还与冠心病和心律失常有关。另外肥胖病人大多伴有脂质代谢紊乱，血液中胆固醇与甘油三酯异常增加从而形成高血脂症。

（三）肥胖影响人们的日常生活

肥胖使人行动不便，活动困难，妨碍社会交往，影响形体美，形成精神负担，特别是对儿童青少年的身心发展影响极大。

三、控制体重的体育体能训练

单纯性肥胖的产生原因比较复杂，主要是由于个体的能量摄入高于自身的消耗所引起的，因此对单纯性肥胖在控制饮食的情况下进行体育体能训练，能够起到减肥的效果。体育体能训练能预防运动能力低下，调节食欲，增加热量消耗和氧的供应能力、消除心理压力，随着肌肉组织的增加，基础代谢消耗能量上升等，减肥的效果比较明显。同时体育体能训练可降低肥胖症中常见的高血脂和低密度脂蛋白，相反可增加高密度脂蛋白，所以，对预防动脉硬化有良好的作用。

根据普通人从事的运动项目、运动时间与消耗的热量之间的关系，要

减少 1 公斤脂肪需要消耗 7700 大卡的能量，如表 1-3 所示，即需要每次 1 小时，每周 3~5 次运动，持续一个月的时间。以这种方法持续体能训练一年，体重可有效地减轻 12 公斤。

表 1-3 不同运动项目、运动时间下消耗的能量

运动项目	运动时间（分钟）	消耗的热量（kcal）	运动项目	运动时间（分钟）	消耗的热量（kcal）
快速步行	60	600	慢跑	60	500
徒手体操	90	500	游泳	35	350
手洗衣服	70	200	骑自行车	28	280
擦地	55	200	骑固定自行车	30	500
上楼梯	180	150	登山	60	265
读书	47	50	篮球	20	200
唱歌	35	100	跳绳	100	550
垂钓	75	100	小球	15	130
滑冰	8	300	网球	12	100

除了单纯性肥胖之外，还有继发性肥胖和药源性肥胖。对于这两种肥胖的体育体能训练，要先去除发病原因，然后按照单纯性肥胖的体育体能训练要求和运动量进行体育体能训练，以达到减肥的目的。

第四节　提高力量和爆发力的体能训练

一、力量和爆发力的概念

力量是肌肉紧张或用力时所表现出来的一种能力。在许多运动项目中，力量是取得优异成绩的基础，因为人体所有的运动几乎都是对抗阻力产生的。人存在于地球上，对抗地心引力完成日常生活与工作、学习等活动，需要力量素质的支持。例如在体育运动中，当进行跑、跳、投、体操和球类等运动时，身体各部分必须表现出很大的力量。很明显，在体育实

践中即使其他方面都相同，而力量较大者常能取得较好的成绩。肌肉力量根据肌肉收缩的形式可分静力性和动力性两种。

(一)静力性力量

当肌肉主要以等长形式收缩时所产生的力量，称为静力性力量。它使肢体维持或固定于一定位置和姿势，而无明显的位移运动，如提东西时手臂的支撑，体育运动项目体操中的支撑、悬垂、倒立等。

(二)动力性力量

肌肉进行缩短收缩时所产生的力量，称动力性力量。它使肢体产生明显的位移运动，并使人体或器械产生加速度运动。例如，行走时脚蹬离地面、运动时投掷器械等。动力性力量可分为重量性力量和速度性力量。重量性力量的大小主要由肌肉工作时所推动的器械的重量来衡量，而动作速度变化很小，如举重；速度性力量的大小主要由器械运动的加速度来评定。此时器械的重量是恒定的，主要依靠肌肉的快速收缩来使器械产生加速度，如举重、投掷等。

力量性训练以上分类是相对的，因为在一般的肌肉活动中，这两种因素(重量和加速度)是同时起作用的，只不过在不同情况下这两种因素有所侧重罢了。

二、提高力量和爆发力的体能训练

(一)力量和爆发力体能训练的生理基础

1. 骨骼肌的形态及生理生化特点

(1)肌肉的生理横断面

肌肉的生理横断面是指横切某块肌肉所有肌纤维所得的横断面面积。据推算，每平方厘米横断面面积的肌肉大约能产生 4.5~9 千克的力。肌肉的生理横断面是决定肌肉力量的重要因素，其生理横断面越大，肌肉收缩产生的力量越大。

力量训练可使肌肉的生理横断面增大，这主要是由于肌纤维肥大。而肌纤维肥大，则是由于肌纤维中肌原纤维数量和体积的增加，这可能与力量训练导致进入肌细胞中的氨基酸增加，使肌肉中蛋白质合成增加有关。

试验证明，肌纤维增粗主要是因为其中肌凝蛋白含量增加。肌凝蛋白是肌纤维内的一种重要收缩蛋白，而且具有三磷酸腺苷（ATP）酶的作用。所以肌凝蛋白含量增加，不仅使肌纤维增粗，而且使收缩力及收缩速度加大。

（2）肌肉中储氧能力

实验证明，力量训练可使肌肉中肌红蛋白增加（其结合氧气的能力比血红蛋白强 12 倍），使肌肉中储氧能力增加，有利于肌肉收缩时的氧气供应。训练使肌肉中毛细血管增加，而且成为囊状，为氧气附着提供场所，从而为肌肉收缩时氧气的供应提供保障。

（3）肌肉中结缔组织的特点

主要指肌腱。结缔组织越厚实，肌肉收缩时产生的力量越大。

（4）肌肉中脂肪减少

肌肉中脂肪在肌肉收缩时会产生摩擦，降低肌肉的收缩效率。训练使肌肉中脂肪减少，提高肌肉的收缩效率。

（5）肌纤维类型和运动单位

快肌纤维百分比越高，产生的力量越大。因为快肌内含有更多的肌原纤维，无氧供能酶活性高，供能速度快，单位时间内可完成更多的机械功。

（6）肌肉收缩时动员的肌纤维数量

骨骼肌收缩力量的大小与骨骼肌纤维的数量关系密切，收缩时动员的骨骼肌纤维数量越多，骨骼肌产生的力量越大，反之亦然。

（7）肌肉长度

力量大小取决于肌肉体积，而肌肉可能发展的程度取决于肌肉的长度，即肌肉越长，潜在的力量越大。

（8）肌肉收缩时的初长度

骨骼肌收缩的最适初长度是 2 微米，骨骼肌的初长度过长或过短都会影响骨骼肌收缩的力量大小。

2. 神经系统对肌肉的调节能力

（1）运动中枢的机能状态

力量训练可以使运动中枢的机能得到改善，表现为运动中枢能够产生强而集中的兴奋过程，发放同步的高频率兴奋冲动，募集更多的运动单位参与工作，并使每一个运动单位发生最大的紧张性变化。在一块肌肉中，参与活动的运动单位数目越多，肌肉收缩的力量则越大。

实验证明，肌肉在最大程度用力收缩时，缺乏训练或训练水平低的人只能动员肌肉中60%的肌纤维参与工作，而训练良好的人则可以动员肌肉中90%的肌纤维同时参与工作，从而表现出更大的力量。这表明通过力量训练改善了运动中枢的机能能力。

(2)肌肉工作的协调能力

力量训练可以改善中枢间的协调能力，使支配各肌群的中枢能够准确而及时地产生兴奋或抑制过程，并能够适时互相转换，使主动肌、协同肌、对抗肌、固定肌的工作更加协调，从而增加肌肉力量。

3. 能量供应特点

力量训练所需能量由磷酸原系统供应。实验证明，举重训练等可使肌肉中 ATP、CP、ADP 和肌酸的含量增加，表明这类训练可提高磷酸原系统供能能力。

4. 年龄与性别

男子力量素质在18岁前随年龄的增长而持续稳定地增长，18~25岁增长变慢，25岁达最高值，25岁以后随年龄增长而逐年减小，每年减近1%。但训练可改变上述力量的自然增长曲线，系统参加力量训练的人，其力量可以不断增长到35岁，力量的消退也比一般人慢。

女子的力量素质自然增长规律有四个阶段：第一阶段(10~13岁)力量增长速度很快，特别是屈肌；第二阶段(13~15岁)力量增长速度明显降低；第三阶段(15~16岁)一年中力量增长速度为14%；第四阶段(16~21岁)绝对力量增长很慢，只增长6%。

绝对力量：某肌肉在对抗它勉强移动的负荷下收缩时，所产生的最大力量。在运动实践中通常把整个人体所能举起的最大重量称为绝对力量。

相对力量：肌肉每单位横断面积(平方厘米)能产生的最大力量。在运动实践中，把每公斤体重所能举起的重量称为相对力量。

5. 体重

体重主要是指个体的瘦体重，瘦体重越大，个体的力量和爆发力的素质相对越强。

(二)力量和爆发力的训练原则

1. 超负荷原则

负荷是决定力量发展的主要因素。所谓超负荷是指负荷超过平常遇到的阻力，对抗最大或接近最大的阻力训练，并非指超过本人负荷的能力。使用超负荷训练，可使肌肉最大限度地收缩，从而刺激肌肉产生相应的生理适应，导致肌肉力量增加，故能有效地发展肌肉力量。如果只是用平常遇到的阻力训练，即低负荷训练，肌肉的力量只能保持在原有水平而不能增加。

2. 渐增阻力原则

在负重训练的过程中，肌肉由于超负荷而使其力量增加。但最初的负荷训练到某阶段时，原来的超负荷就变成了低负荷，这时，如再采用最初的负荷训练就不能使力量继续增加了。福克斯(FOX)提出了渐增负荷的适宜方法，以8RM为例：8RM到12RM就应增加负荷，使这一增加了的负荷又成为8RM，就是所谓负荷进行训练8RM，训练到12RM。训练初期或力量较弱者，可采用负荷到10RM，训练到15RM，或负荷到15RM，训练到20RM。如果用于发展绝对力量，可采用负荷到1RM，训练到5RM；如果发展静力性力量，可采用负荷到5RM，训练到10RM等方法。

3. 专门性原则

为了发展某一专门动作的力量，训练中应包含直接用来完成该动作的肌群，并尽可能模拟其实际运动形式，这样是最有效的。例如为了增进足球运动中踢球力量，在负重训练中必须训练包含踢球所使用的肌肉，并采用与踢球相似的运动样式来使这些肌肉工作。

4. 安排训练的顺序原则

安排训练的顺序是大肌群的训练在前，小肌群的训练在后，这是因为小肌群比大肌群较早和较易疲劳。为了保证大肌群的超负荷，大肌群必须安排在小肌群疲劳之前训练。训练顺序可参考：(1)大腿和髋部；(2)胸和上臂；(3)背和大腿后面；(4)小腿和踝部；(5)肩带和上臂后面；(6)腹部；(7)上臂前面。

此外，在安排训练计划时，注意不要在前后两个相继的训练中对同一肌群训练，以保证肌肉在每次负荷后有足够的恢复时间。

5. 系统性原则

力量训练应全年系统地安排。

6. 有效运动负荷原则

在运动生理学中，将导致身体产生运动痕迹和效果的最小运动强度叫作靶强度，此时的心率称为靶心率。通常每次力量训练应有不少于三组接近或达到肌肉疲劳的力量训练，才能使肌肉力量逐渐提高。

7. 合理训练间隔原则

通常较小的力量训练在第二天就会出现超量恢复；中等强度的力量训练应隔天进行；大强度力竭训练一周进行 1~2 次即可。

(三)影响力量训练的因素

1. 负荷

RM(repetition maximum)是指某一肌肉或肌群在疲劳前能举起某一次数时的最大负荷，即以该负荷重量训练时一次连续训练的最大重复次数来衡量负荷的大小。采用 5RM 的重量，能使肌肉粗大，力量和速度得到发展，但不能提高耐力，适用于举重和投掷运动员。采用 6~10RM 的重量，能使肌肉粗大，力量和速度也均得到发展，耐力增长不明显，适用于短跑、跳跃运动员。采用 10~15RM 的重量，肌肉增粗不明显，但力量得到发展，速度、耐力也得到提高，适用于 400 米、800 米跑运动员。采用 30RM 的重量，可增强耐力，但力量、速度提高不明显，适用于长跑运动员。

2. 动作速度

在发展速度力量时，训练的速度应快一些，这对于改善动作协调性比较有利。但一般负重大时，动作速度将减慢，负重较轻时，动作速度较快。

3. 训练次数

每天训练一次与多次效果相同，运动新手隔天一次比每天一次效果好。力量虽急速增加，消退也快，力量缓慢增进时，力量保持时间较长。一周 3~4 次，可使力量明显增长，若两周进行一次力量训练，则基本能保持力量。

三、力量运动

1. 动力性力量训练

肌肉以等张收缩形式进行负重和不负重的力量训练，称等张性力量训练或动力性力量训练。包括抗体重的专门训练（如引体向上）和抗外部阻力的力量训练（如推举杠铃、哑铃等）。运动专项不同，需要的力量素质特点也有所不同，所以必须结合专项特点进行训练。如短跑需要速度性力量，在训练中常采用负沙袋快速高抬腿跑、手持壶铃下蹲快速跳起等方法发展速度性力量。再如，投掷运动员为了发展上肢爆发力，常采用快速推杠铃等方法。一般认为，重复次数少而阻力大的训练，能很快提高肌肉力量；中等负荷强度、重复次数较多的训练，能更有效地增大肌肉体积；重复次数多而阻力小的训练主要用于发展肌肉耐力。此方法的优点：能有效地发展动力性力量，可以改善神经肌肉的协调性。此方法的缺点：容易造成某些关节角度负荷不足，因此只能按照力量最弱的关节运动角度来安排负荷。

2. 静力性力量训练

静力性力量训练是肌肉以等长收缩形式进行的抗阻力训练，如倒立、直角支撑等。静力性力量训练的优点：（1）对提高绝对力量作用很大，可以发展静力性力量和静力性耐力；（2）可训练到动力性力量训练不易练到的肌群和力量落后的肌群。静力性力量训练的缺点：影响动作速度，如发展爆发力，对改善神经肌肉协调性效果不明显。

3. 等动训练

等动训练是借助于专门的等动训练器进行力量训练的方法。等动训练器的结构是在一个离心制动器上连一条尼龙绳，由于离心制动作用，拉动绳子越快，阻力越大，所以器械产生的阻力总是和用力大小相适宜。在整个训练中，关节运动在各角度上均能受到同等的较大负荷，从而使肌肉在整个训练过程均能产生较大的张力。

等动训练的优点：速度不变，但阻力可变，力量根据阻力的改变而改变。在整个关节活动范围内肌肉都能发挥最大力量，必然能最大限度地增进力量，使肌肉所受的训练符合运动实际要求，符合一些运动项目的特点，主要用于游泳运动员陆上训练。

等动训练的缺点：速度受到控制，因此限制了爆发力的发展，不能适应大多数专项动作的要求。例如游泳划水动作，在划水动作的前 1/3，拉力是 29.5 千克，中间 1/3 拉力是 22.6 千克，后 1/3 拉力又回升到 32.6 千克。这说明当两臂通过胸前提肘划水时，因骨杠杆处于不利位置，使不上劲，力量最小。如果采用动力性或静力性力量训练来发展划水力量，肌肉群在整个运动过程中所受到的阻力只能是恒定的，这样就不能完全符合游泳时的实际情况。用等动训练器进行训练的特点是当骨杠杆处于有利位置时肌肉好使劲，必然拉得快，器械产生的阻力加大；当骨杠杆处于不利位置时，力量小，拉动稍慢，阻力就小，所以这种训练更符合训练实际。

4. 超等长训练

超等长训练是指肌肉在离心收缩之后紧接着进行向心收缩的力量训练，称为超等长训练。如多级跳、跳深（从高处跳下，落地后再向上跳起）、超越器械。离心收缩之后紧接着进行向心收缩，之所以能发挥更大力量的原因是肌肉弹性体产生的张力变化和肌牵张反射。优点：当主动肌迅速拉长时张力增加，被拉长得越快，它所产生的张力越大。伸长的速度比伸长的程度更重要。缺点：如应用不合理，易造成损伤。

电刺激法。在运动员损伤时，可用此法维持肌肉力量，以及针对某些常规训练方法难以达到效果的肌肉，用电刺激法使之得到体能训练。电刺激法的缺点：(1)电刺激所引起的肌肉收缩会破坏感受器的自动调节和保护功能；(2)对协调性产生不良影响；(3)如大量使用易导致过度训练，也容易造成肌肉的细微损伤。

5. 离心训练

肌肉产生离心收缩的力量训练称为离心训练,又称退让性训练。如推举中杠铃举起后慢慢放下。肌肉在离心收缩时所产生的最大张力比最大向心张力大 40% 左右,但力量增长的效果低。同时,同样负荷训练后离心训练引起肌肉的疼痛较其他训练方法明显,疼痛持续时间更长,因此该训练一般无显著优点。

第五节 提高速度水平的体能训练

一、速度的概念

速度是指人体快速运动的能力或最短时间完成某种运动的能力。人体快速运动能力是力量、柔韧、协调、灵敏等素质综合协调发展的结果,同时也取决于中枢神经系统的灵活性及机体无氧代谢的水平。

(一)速度素质的分类

速度素质分为反应速度、动作速度和移动速度。反应速度是指人体对各种信号刺激快速应答的能力。动作速度是指人体快速完成某一动作的能力。移动速度是指在周期性运动中,在单位时间内人体快速位移的能力。

(二)影响速度素质的主要因素

1. 神经系统的功能

神经系统的兴奋与抑制过程交替的灵活性在很大程度上决定着个体的速度素质。

2. 肌肉的类型

肌肉中的白肌纤维占的比重大,既反映了个体的力量素质好,又反映了良好的速度素质潜能。

3. 能量的供应

在三大能量供给系统中,ATP-CP 系统的水平对速度素质有直接的影响。

4. 体重

在最大力量不变的情况下，体重将决定个体相对力量的大小。体重增加，相对力量减小，并导致个体动作速度和位移速度降低。

二、提高速度的体能训练

研究证明，在 6~12 岁年龄段，反应速度大幅度提高，尤其是 9~11 岁期间增长明显加快，到 12 岁时，增长达到高峰。从训练的角度看，9~12 岁是发展反应速度和动作频率的最佳时期，如在此阶段加强提高速度水平的体能训练，可以最大限度地提高反应速度和动作频率。过了此年龄阶段，即使再加以训练，提高幅度也不会很大，甚至不再提高。

(一)提高速度水平的生理基础

信号刺激反应法，即对各种突发信号(如声音、光、手势等)作出反应并完成各种动作，提高训练者对简单信号的反应能力。

1. 反应速度

反应速度受遗传因素影响很大。人们通常所做的就是把遗传潜在的反应速度挖掘出来并稳定下来。外界刺激的强度对反应速度也起较大作用。在一定生理范围内，刺激强度越大，引起的反应越快。注意力集中的程度也影响反应速度。据研究，当肌肉处于待发状态后 1.5~8 秒，反应速度最快，比处于放松状态时快 60%。

反应速度训练主要利用突然发出的信号提高训练者对简单信号的反应能力，如声信号(口令声、掌声、枪声等)与相应的动作。这种方法较适合初级训练者。对较高水平训练者，多采用运动感觉法、移动目标法等训练手段。

2. 动作速度

动作速度寓于某一个动作之中，如抓举的动作速度、跳跃起跳的动作速度等。培养动作速度，必须通过相应技术的提高与其他素质的发展才能实现。

动作速度训练的持续时间一般不宜过长，这是因为动作速度训练强度大，要使训练者保持较高的兴奋性，一般不应超过 20 秒。利用器械的动作速度训练，如推铅球的出手动作，器械重量应低于标准重量，才能有效地提高动作速度。同理，缩小完成训练的空间、时间界限，如球类运动利用小场地训练，也能提高训练者完成动作的速度。

3. 移动速度

移动速度也是一种综合能力的表现，与力量、柔韧、协调素质等有着密切的关系。

移动速度的训练应通过两个基本途径来实现：一是发展力量素质；二是重复跑的训练。有研究发现，在百米成绩由 10.9 秒缩短到 10.0 秒的诸因素中，爆发力的提高发挥了 20%~57% 的作用，最大力量加大发挥了 12.34% 的作用。因此，通过发展力量提高移动速度时，要着重发展速度力量。例如，利用超等长的力量训练。

重复跑训练则是提高移动速度最主要的手段，一般要求距离为 30~60 米，限时在 20 秒内，用 85%~95% 甚至 100% 的强度，主要是要保持 ATP 功能，强度不能固定，否则易出现速度障碍。重复次数和组数以不降低强度为原则。次间间歇时间根据距离而定，一般为 1~2 分钟，要保证体内高能物质水平的恢复。组间间歇可延至 5 分钟，并要用伸展训练进行积极性休息。

在以跑为手段进行移动速度训练时，应重视肌肉放松。美国的米·维苏茨对 50 名优秀的短跑选手进行了研究，有力地说明了放松在短跑中的重要作用。肌肉放松能减少肌肉本身的内阻力，使血液循环更旺盛，输送氧气的能力提高，加快 ATP 再合成的速度。

(二)发展速度素质的主要方法

1. 利用各种刺激信号(声、光、触)，使训练者快速应答，提高其反应速度。

2. 逐步缩小完成动作的空间和缩短完成动作的时间，以提高训练者的动作速度。

3. 各种短距离的训练和跑的专门性训练，如小跑步、高抬腿跑、后蹬跑、车轮跑等。

4. 借助外力的训练，如牵引跑、上下坡跑、抗阻力跑。

5. 各种爆发力类的训练。

6. 利用特定的场地器材进行加速训练，如斜坡跑等。

7. 各种速度类游戏。

第六节 提高心肺耐力的体能训练

一、心肺耐力的概念

心肺耐力是人体长时间进行有氧工作的能力，在康复医学中又称为全身耐力。机体的呼吸系统和心血管系统功能与心肺耐力水平密切相关，其系统功能反映了人体心肺功能的适应能力，是人体健康水平和体质强弱的重要标志，也是其他身体素质的基础。现代医学研究证明，心血管系统疾病的发病危险性与心肺耐力水平密切相关。提高心肺耐力，可以降低由于不良生活方式所导致的心血管系统疾病、代谢疾病等的发病率，改善心肺的适应能力，提高劳动和运动能力，增强体质，提高人们的生活质量。

（一）心肺耐力的测评指标

评量心肺耐力的主要指标包括最大摄氧量、运动经济性、最大摄氧量的速度、乳酸/换气阈值以及摄氧量动力学等。

最大摄氧量是指从事个人最大强度的运动，组织细胞所能消耗或利用氧气的含量，是评估个人心肺耐力的最佳指标。运动经济性是指在一个绝对运动强度下，所需要的摄氧量较少（或较低的最大摄氧量百分比），即表示运动的经济性较好。最大摄氧量的速度是指可引起最大摄氧量的最低强度，是最大摄氧量与运动经济性的综合指标。乳酸/换气阈值则分别指血乳酸随运动强度上升的转折点、换气状况随运动强度上升的转折点，判定心肺耐力的有效方法包括测量最大乳酸稳定强度、乳酸最小测验、临界负荷、肌电图疲劳阈值等。摄氧量动力学则指在特定的强度下运动时的摄氧量上升状况，心肺耐力越佳者摄氧量上升的效率越佳。

心肺耐力的辅助评量方式包括：特定距离的跑步（或跑走）测验（1600米、3000 米）、特定时间的跑步距离测验（12 分钟跑）、登阶测验，以及心肺恢复指数等。

(二)影响心肺耐力的主要因素

1. 能量系统的储备和供应

人体有三大供能系统，即 ATP-CP 系统、乳酸化系统和氧化系统。决定有氧耐力还是无氧耐力的关键是负荷强度。负荷强度不同，各能量系统比例就不同。

2. 人体中酶的活性

酶的活性越强，就越能加速能量的供给，从而保证肌肉工作。实验证明，不同强度的运动，酶的活性也不一样。

3. 肌肉中氧气供给和利用率

人体的氧的供给主要取决于呼吸系统和循环系统，特别是心肺机能。一般从事耐力项目的人(主要指运动员)心脏较大，供氧充足，氧利用率高。

4. 肌纤维的类型与比例

红肌纤维所占的比例越大，则耐力素质越好。此外，训练者神经系统的机能和个性心理特性等对耐力素质也有相当的影响。

二、提高心肺耐力的体能训练

提高有氧耐力的方法主要从两个方面来介绍：

(一)提高有氧耐力的训练方法

1. 有氧耐力的连续训练法

发展有氧耐力应在较低的负荷强度下。如用心率控制强度，对一般训练者可控制在 130~150 次/分钟，对训练有素者要控制在 145~170 次/分钟之间。在这种强度条件下，长时间运动可有效改善机体有氧系统的供能。芬兰生理学家卡沃宁提出了心率控制公式：心率(有氧耐力的强度)= 安静时脉搏+(最高脉搏–安静时脉搏)×60%。

负荷量则要求尽量地多，如连续跑 1.5~2 小时，至少也要在 30 分钟以上。训练时间长，负荷增大，才能使全身的血流量和红细胞增加，达到发展有氧耐力的目的。

2. 有氧耐力的间歇训练法

间歇法的强度要求比连续法要大。总的要求是不超过 180 次/分钟，也不低于 140 次/分钟。负荷量采用距离(米)和时间(秒)来表示，距离在 80~120 米之间，时间为 30~120 秒，整个训练的持续时间在 30 秒以上。间歇时间的基本要求是，当训练者心率恢复到 120 次/分钟时进行下一次训练，但间歇中要采用积极性的休息方法，以使血液尽快流回心脏和排除肌肉中堆积的酸性物质。

(二)提高有氧耐力的阶段

提高有氧耐力可以通过三个阶段：起始、渐进和维持阶段。

1. 起始阶段

许多人开始进行体能训练时热情有余，期望很高，以至于体能训练初期运动量过大，导致肌肉酸痛和过度疲劳，从而影响了坚持体能训练的信心。因此，在体能训练初期目标不能太高。体能训练起始阶段最重要的是让机体慢慢适应运动，可根据不同适应水平持续 2~6 周。起始阶段的每次体能训练同样包括准备活动、体能训练模式(强度不应超过 70%)和整理活动。起始阶段体能训练时应注意以下几点：选择比较轻松的某一强度进行体能训练；感觉不适时不要延长运动时间；有疼痛或酸痛感时应停止运动，让机体充分恢复。

2. 渐进阶段

渐进阶段时间较长，约持续 10~20 周。在这一阶段，体能训练的强度、频率和持续时间应逐渐增加。虽然每个人设置的目标不同，但体能训练频率应达到 3~4 次/周，每次体能训练时持续时间不短于 30 分钟，强度应达到 70%~90%。

3. 维持阶段

体能训练者通过 16~28 周的体能训练即进入维持阶段。体能训练者在这一阶段已经达到体能训练目标，没有必要再增加运动量，但怎样才能维持已有的体能训练效果，即多大的运动量可防止心肺适应水平的下降？维持心肺适应水平的主要因素是运动强度，若运动强度和体能训练时间都维持在渐进阶段最后一周的水平，以及体能训练频率降至 2 次/周时，心肺适应水平也无明显降低；若保持渐进阶段的体能训练频率和强度，体能训练时间可减至 20~25 分钟；相反，在体能训练频率和时间都不变的情况下，强度减少 1/3 就可使心肺适应水平明显降低。因此在运动强度不变时，适当减少体能训练频率和时间仍然可保持体能训练效果。另外，在上述三个阶段都要注意合理的营养。

第七节　提高柔韧性的体能训练

一、柔韧性的概念

柔韧性一般是关节周围软组织，包括韧带、纤维等的牵拉或被牵拉能力，肌肉的长短或者伸展性和弹性的好坏，决定关节的活动幅度和人体的活动范围。一个人优美的体型和灵活程度的先决条件是他的柔韧性，良好的柔韧性对肌肉训练的好处有：(1)动作的活动范围和幅度扩大，动作更加准确、质量更高。(2)柔韧性训练有利于中枢神经系统对肌肉的调节，特别是调节对抗肌群，使之能充分放松，降低对主动肌群动作的阻碍，使动作舒展大方。(3)好的柔韧性能增大动作训练时的幅度，使整块肌肉而不是肌肉中的某一部分肌纤维参加运动，有助于肌肉的均衡发展，在运动中能更好地发挥速度和力量。(4)柔韧与肌肉力量相辅相成，相互影响。肌肉力量强有助于完成柔韧性动作，如果只注意发展肌力而忽视柔韧训练，肌肉粗度增加就会限制柔韧性的发挥，就会使动作僵硬呆板。

二、提高柔韧性的体能训练

(一)做好力量训练前的准备活动

如慢跑、徒手操、跳绳等，一般的柔韧性训练可以在准备活动中完成。

(二)在力量训练后的放松训练中进行柔韧性训练

如两人背对背站立同侧转体传接重物或前后转体传接重物、双杠支撑摆动等既能发展肌肉力量又能发展柔韧性，并使肌肉的紧张和放松很好地结合起来，刚柔相济。

(三)经常进行专门的柔韧性训练

每周进行三次柔韧训练，持续四周，可使柔韧性明显提高。

柔韧训练有爆发式(急骤拉长)和慢张力的方法。爆发式柔韧训练的优点是效果快而直接，但易引起损伤，如踢腿、冲拳、侧踹等；慢张力方法的优点是不易引起损伤，缺点是效果缓慢，如压腿、压肩、劈腿等。柔韧性是关节在它的整个运动范围中不受阻力的能力。人们本应具有这种能力，但多数人随着年龄的增长会失去柔韧性。改善和保持柔韧性的最好办法是做那些专门用于长肌肉组织和围绕它们的结缔组织的训练。1998 年，美国运动医学的一个权威研究组织把柔韧训练作为一项重要内容推荐给运动员。

加拿大安大略省约克大学的力量训练专家博蒙巴博士把柔韧性列为三大力量训练准则的第一条。最新研究表明，伸展训练可以加强肌肉的行为能力，能减少受伤的机会。与没有进行过伸展的肌肉相比，伸展过的肌肉显然能进行更敏捷的活动，例如那些力量训练中所有的动作。以深蹲为例，如果你的膝关节和踝关节有很好的柔韧性，那么，即使以最深的方式深蹲，也没有问题。

通常，没有伸展过的肌肉更僵硬，很容易导致肌肉拉伤。延迟出现的肌肉疼痛(这类疼痛常在力量训练后的第二天出现)也能通过伸展训练加以缓和，良好的柔韧性能强化力量训练的效果。1992 年澳大利亚的一些研究人员做了一项试验，9 个有训练经验的力量举运动员每周增加两次柔韧训练，另外 7 个力量举运动员不做柔韧训练。8 周后，柔韧训练组运动员肩部柔韧性平均提高了 13.1%，卧推重量平均提高了 15 磅，对照组没有什么变化。研究人员认为，卧推重量提高的原因是柔韧训练提高了运动员更有效使用肌肉中可伸展部分的潜力。

另一项研究也发现了类似的效果，两组运动员进行 10 周的力量训练，其中一组增加柔韧性训练，另一组只进行力量训练。结果只进行力量训练的一组股二头肌力量提高了 16.4 磅，既进行力量训练又进行柔韧训练的那组股二头肌力量提高了 19.5 磅。这证明力量训练加柔韧训练优于只进行力量训练。

博蒙巴博士认为，伸展肌肉，特别是训练后伸展肌肉能加速恢复过程。训练期间和训练后，肌肉比其自然长度要短，训练结束后约两个小时肌肉才能恢复到自然长度，但通过伸展训练肌肉就能更快地回到自然长度，这意味着恢复和再生过程能更快开始。

三、柔韧性训练应注意的事项

进行伸展训练前至少热身 5~10 分钟，预热肌肉和结缔组织，使伸展训练更容易、更安全。在进行高强度运动前，必须进行伸展训练。同其他训练一样，动作规范很重要。在每一个伸展训练中应注意调节肢体运动，以达到最佳效果。做伸展训练时，动作要缓慢柔和，不要急速运动，以免把过大的压力加在结缔组织上，使肌肉和韧带没有足够的时间去适应，保持拉伸状态 15~30 秒。

重复每个伸展训练 3~4 次。每一组目标肌肉应感觉紧张，但仍然舒适，尽量在随后的几组中实现更大程度的松弛，以便更好地伸展。决不要达到疼痛点，如感觉疼痛就应退让一点，伸展训练不应令人疼痛。做伸展训练时不要屏住呼吸，拉伸时呼气，恢复时吸气，始终保持缓慢和深长的呼吸。训练前和组间进行伸展训练有助于扩大动作范围和避免受伤，训练后伸展训练能促进恢复、减少疼痛。

第八节　提高灵敏性的体能训练

一、灵敏性的概念

灵敏性是运动员的运动技能和各种素质在运动过程中的综合表现。运动员身体素质越好，运动技能掌握数量越多，则在专项运动中所表现出来的灵敏性水平就越高，所以发展灵敏性的方法较多。但要注意，发展灵敏性应在体力充沛、精神饱满、心理放松的条件下进行，同时还要密切结合专项特点与要求，使训练效果与专项要求相一致。训练的手段要经常变换，以达到更有效地提高灵敏性的目的。

灵敏性是指机体迅速改变体位、转换动作和随机应变的能力。灵敏性是人体在各种突然变化的条件下，能够迅速、准确、协调、灵活地完成动作的能力，是人各种运动技能和身体素质在运动中的综合表现。青少年时期的灵敏性表现为青少年对外界的变化作出快速的应答的过程，这个时期的神经系统已基本成熟，虽然大脑的重量能接近成人水平，但是脑内细胞的结构与机能还没有发育成熟，这个时期条件反射建立得快，消退得也快。

与其他的系统相比，儿童少年时期首先发育的是神经系统，这个时期的体育体能训练与发展对其灵敏性的形成和发展起到很重要的作用。灵敏性是人体各种运动能力在运动过程中的综合体现，良好的灵敏性不但有助于更快、更多、更准确、更协调地掌握技术和训练手段，使已有的身体素质充分、有效地运用到实践中去，而且可以防止伤害事故的发生。对青少年灵敏性的提升主要可以通过对抗性体育活动(如篮球、足球等)来进行训练。

大脑皮层神经活动过程的灵活性及分析综合能力，是灵敏性的重要生理基础，因此可通过训练改善和提高各感受器官功能，以增强灵敏性。神经系统是人体发育最早和最快的系统，青少年具有较优越的发展神经系统的条件，如7~12岁具有良好的反应能力、6~12岁孩子节奏感较好、7~11岁具有良好的空间定向能力等。这些都为发展灵敏性提供了良好的条件。此外，在体育体能训练的实践中，掌握的运动技能愈多就愈熟练，大脑皮层中暂时神经联系的接通就愈迅速、准确，动作也愈灵巧。

二、提高灵敏性的体能训练

(一) 灵敏性提升的体能训练的生理学基础

进行灵敏性体能训练，首先了解青少年机体的灵敏性的生理学基础。

1. 大脑皮层神经过程的灵活性及分析综合能力，是灵敏性的重要生理学基础。大脑皮层神经细胞能在内外环境条件发生变化时迅速作出反应，并及时调整或修正动作。

2. 各感觉器官功能的改善和提高也是灵敏性增强的因素之一。球类运动员在场上要"眼观六路，耳听八方"，反应迅速，需要有敏锐的视觉、听觉和皮肤感觉等。体操运动员要反应敏捷、准确，需要对自身的位置有准确的肌肉内部的感觉和前庭器官的感知觉。

3. 灵敏性又是运动技能与身体素质的综合表现。在实践中，掌握的运动技能越多越熟练，大脑皮层中暂时性神经联系的接通越迅速、准确，动作就会显得更加灵巧。发展灵敏性还需要其他身体素质的保证，如一定的力量、速度和耐力等，都是良好的灵敏性所必需的。

4. 灵敏性还受年龄、性别、体重、状态等因素的影响。一般认为，少年时期灵敏性发展最快，男孩较女孩灵活(尤其在青春期后)，体重过重对灵敏性不利，身体疲劳时灵敏性也会有所下降。

(二)提高灵敏性的体能训练的方法

灵敏性的体能训练可以通过愉快的小游戏或者不同的专项技术进行专门的训练，主要包括如下：

1. 通过田径类小游戏体能训练灵敏性

在田径运动中，通过迅速改变跑、跳的方向进行各种跑、躲闪、突然起动以及各种快速急停和迅速转体训练等，设计不同的体育小游戏，训练学生的灵敏性。发展灵敏性的游戏具有综合性、趣味性、竞争性的特点，能引起训练者的极大兴趣，使训练者全力以赴地投入活动，既能集中注意力、培养积极思维、巧妙对付复杂多变的活动场面，又能通过体能训练提高神经系统的灵活性和反映过程，有效地发展身体素质和运动技能。发展灵敏性的游戏很多，主要包括各种应答性游戏、追逐性游戏和集体游戏等。

(1)做各种调整身体方位的训练。如在军训时经常进行的向左转、向右转、向后转等的转身训练。按口令做相反的动作，按有效口令做动作，原地、行进间或跑步中听口令做动作。通过提高反应判断的训练来提高青少年的灵敏性。

(2)做专门设计的各种复杂多变的训练。如用"'之'字跑""躲闪跑""穿梭跑"和"立卧撑"四项组成的综合性训练。这些训练主要发展人体的基本灵敏能力。

(3)以非常规姿势完成的训练。如侧向或倒退跳远、跳深等，进行后退跑。

（4）限制完成动作的空间训练。如在缩小的球类运动场地进行训练。例如可以设定某图形的图形跑。

（5）改变完成动作的速度或速率的训练。如变换动作频率或逐步增加动作的频率。

（6）做各种变换方向的追逐性游戏和对各种信号作出应答反应的游戏等。

（7）设计不同的趣味性强，体能训练灵敏、协调能力的小游戏。

2. 通过专项体育运动体能训练灵敏性

发展灵敏性是提高运动能力的一个非常重要的方面。在发展灵敏性过程中，应该注意到提高力量、速度、耐力、柔韧素质等是发展灵敏性的基础；竞技体操、武术、滑冰、滑雪、各种球类运动等项目都是发展灵敏性的有效项目；在专项训练复杂化的条件下反复训练与专项运动性质相似的动作，是发展专项灵敏性的有效途径。发展灵敏性的途径主要包括徒手训练、器械训练、组合训练等。

（1）徒手训练（包括单人训练和双人训练两类）

单人训练：主要有弓箭步转体、立卧撑跳转体、前后滑跳、屈体跳、腾空飞脚、跳起转体、快速后退跑、快速折回跑等。

双人训练：主要有躲闪摸肩、手触膝、过人、模仿跑、撞拐、巧用力等。

（2）器械训练（包括单人训练和双人训练两类）

单人训练：主要包括各种形式的个人运球、传球、顶球、颠球、托球等多种训练，单杠悬垂摆动、双杠转体跳下、远撑前滚翻、翻越肋木、钻栏架、钻山羊，以及各种球类运动、技巧运动、体操运动的专项技术动作的个人训练等。

双人训练：主要包括各种形式的传球、接球、运球中抢球，双杠端支撑跳下换位追逐、肋木穿越追逐等。

（3）组合训练（包括两个动作组合、三个动作组合和多个动作组合的训练）

两个动作组合训练：主要有交叉步→后退跑，后踢腿跑→圆圈跑，侧手翻→前滚翻，转体俯卧→膝触胸，变换跳转髋→交叉步跑，立卧撑→原地高抬腿跑等。

三个动作组合训练：主要有交叉步侧跨步→滑步→障碍跑，旋风脚→侧手翻→前滚翻，弹腿→腾空飞脚→鱼跃前滚翻，滑跳→交叉步跑→转身滑步跑等。

多个动作组合训练：主要有倒立前滚翻→单肩后滚翻→侧滚→跪跳起，悬垂摆动→双杠跳下→钻山羊→走平衡木，跨栏→钻栏→跳栏→滚翻，摆腿→后退跑→鱼跃前滚翻→立卧撑等。

(三) 灵敏性发展的评价

对灵敏性的评价没有客观衡量标准，只有通过动作的熟练程度来显示灵敏性的高低。灵敏性不像其他素质，有客观衡量标准来测定其素质的优劣。如力量用重量的大小来衡量；速度用距离和时间的比来衡量；耐力用时间的长短或重复次数的多少来衡量；柔韧性用角度、幅度的大小来衡量；而灵敏性只有用迅速准确协调完成动作的能力来衡量。例如运动员的躲闪能力，必须通过躲闪动作来体现，而躲闪的快慢就没有一个固定的衡量标准，只能通过人们的视觉判断。

灵敏性还受性别、体重和状态等因素的影响。一般认为，少年时期灵敏性发展最快；男孩较女孩灵活，尤其在青春期后，男孩的灵敏性更好；体重过重会影响灵敏性的发展；身体疲劳时，爆发力、动作速度、反应速度及协调性等都下降，灵敏性也会显著下降。

综上所述，灵敏性是一种综合素质，与力量、速度、协调性等素质有密切关系，尤其是反应速度、动作速度、爆发力和协调性等对灵敏性影响最大。因此，发展灵敏性应从这些基本因素着手，可结合所有体能训练项目的运动特点，设计切合自己实际的体能训练内容。这些素质的综合运用才能保证动作的熟练程度，而动作的熟练程度必须在中枢神经支配下才能自如运用。因为神经反应决定了反应速度的快慢、决定了判断是否准确、决定了随机应变和及时做出应答动作的快慢。因此，反应迅速、判断准确、及时做出应答动作是灵敏性的先决条件，各素质协同配合是完成应答动作的基础。应答动作的熟练程度直接体现了灵敏性的高低。所以说，灵敏性是运动技能、神经反应和各种素质的综合表现。

(四)提高灵敏性的注意事项

由于灵敏性是人体综合能力的表现，所以发展灵敏性还必须从培养人的各种能力入手，要在训练中广泛采用发展其他身体素质的方法来发展灵敏性，并培养掌握动作的能力、反应能力、平衡能力等。在针对提高青少年灵敏性的教学过程中的一些注意事项如下：

1. 灵敏性的全面提高有赖于多建立有严格要求的条件反射。也就是说，学会正确的、随意的动作，越多越好。因此，要重视学习和掌握各种运动技能，提高大脑皮层神经过程的灵活性。通过让运动员随各种信号改变动作的训练，提高其灵敏性。

2. 灵敏性是由大脑皮层神经活动过程的可塑性和灵活性决定的，前者表现为对动作的掌握能力，后者表现为对参加运动肌群的控制、指挥能力。灵敏性与复杂的运动反射速度及准确性密切相关，这要求训练者训练时要有较强烈的欲望，要有明确的目标追求，减少不动脑筋的盲目重复训练，要反复训练各种基本技能，熟练掌握多方面的运动技能。

3. 发展灵敏性应在体力较好时进行体能训练，训练负荷强度要大，每次负荷持续时间不宜过长，重复次数也不宜太多，间歇时间要充分，以不产生疲劳为限度。

4. 人在疲劳时灵敏性会变差。因此，还要发展其他身体素质，不断提高自己的耐力水平，对保持灵敏性有积极的作用。

5. 抓住发展灵敏性的最佳时期。灵敏性是在中枢神经系统的指挥下，各种能力的综合表现。神经系统是人体发育最早、最快的系统。少年儿童具有较快的反应能力，在动作速度、平衡能力、节奏感等方面都具有很大的发展潜力，这些都为发展灵敏性提供了有利的条件，因此应抓住这一时期进行灵敏性训练。

6. 消除训练者的紧张心理。在进行灵敏性训练时，体育教师应采用各种有效的方法与手段，消除学生紧张的心理。因为在心理紧张时，运动器官也必然紧张，导致反应迟钝，动作的协调性下降，影响训练的效果。

(五) 灵敏性在青少年身体发展中的意义

灵敏性是身体素质的其中之一，也是人体各种能力的综合表现。灵敏素质可分为一般灵敏素质和专项灵敏素质。灵敏性在对抗性的体育活动中占据非常重要的地位。好的灵敏性有助于运动者更快、更准确、更协调地掌握运动技术，不但能够使各项身体素质最大限度地应用到实践中去，而且能有效地防止伤害事故的发生。

根据人体的生理特点，7~9 岁是发展一般灵敏性素质的最佳时期，9~14 岁是发展专项灵敏性素质的最佳阶段，此阶段是灵敏性素质训练的黄金时间，对于提高青少年的灵敏性意义重大。在发展青少年灵敏性的训练中，应从培养人体的各种能力入手，培养其掌握动作的能力、反应能力和平衡等能力，是提高技术动作质量和创造优异运动成绩的重要条件。在实际的教学中，发展灵敏性训练要紧密结合各个运动项目的技术教学，灵活运用教学方法，寓灵敏性训练于技术教学和其他素质训练之中，随时随地挖掘发展灵敏性的因素，加强灵敏性训练，提高神经系统的灵活性。灵敏性在体育运动中的作用主要表现为：能够保证人准确、熟练、协调地完成动作。此外，灵敏性具有项目特点：如体操的灵敏主要表现为对身体姿势的控制和转换动作的能力；球类的灵敏主要表现为对外界环境的变动及时而准确地转换动作，以作出反应的能力。

第四章　阻力带与悬吊体能训练

体质健康锻炼在满足娱乐性、健身性特性，促进大学生身体素质提升的同时，缓解了大学生在繁重课程中的学习以及面临就业所产生的压力。新型体育项目的开展，在较大程度上符合学生喜爱新奇事物、参加与常规不同项目的心理。因此，在高校体育课程教学中，引入新兴体育项目，并结合高校的地域特征，开展本土运动项目，可以提高大学生参与体能训练的积极性。

第一节　抗阻力训练对身体功能的影响

一、增强肌肉

研究表明：在美国，超过百万人在体能训练时，都会选择抗阻训练，可以说抗阻力训练是美国人最受欢迎的多项训练方法中排名靠前的项目之一。而抗阻训练被快速接受的原因在于它的训练效果明显，对身体肌肉力量的加强、身体形态的矫正及身体健康方面均有帮助。抗阻训练对肌肉力量的提高受不同因素的影响，包括动作学习阶段产生的神经肌肉系统变化（或单纯的神经系统变化）、不同类型肌纤维的组成和遗传因素。关于抗阻训练引起肌肉力量增加的原因有两种解释：一种解释与神经系统变化有关，另一种解释与肌肉质量增加有关。

二、神经因子调节加强

第一种情况，"神经"一词指的是与肌肉系统协同作用来增加肌肉力量的神经系统。当某些特定的肌纤维受到运动刺激时，支配这些肌纤维的神经也同样被刺激到了，因此，当动作技术提高时可确保能够更高效地举起更重的负荷，并付出较少的力气。第二种情况，通过持续不断的训练，身体能够募集到更多的肌纤维，并选择那些能高效抗阻或进行练习的肌纤维。那么，一个神经学习因子会促成力量的变化，许多神经学习因子加在一起会对肌肉带来更显著的影响。这正好解释了为什么以前久坐不动的人在抗阻训练最初的 4～8 周中力量会得到提升。在最初的几个星期训练以后，虽然神经学习因子继续发挥作用，但力量的持续增长主要还是与肌肉质量的增加有关。由于许多单个肌纤维的增粗、变强，肌肉的横截面积变得更大，随着肌肉横截面积的增大，肌肉发力的能力也不断加强。因此，早期肌肉力量的增强是由于神经因素导致的，而后期肌肉力量的持续增大则是由于肌肉质量的增加造成的。

第二节　阻力带体能训练

一、阻力带体能训练的生理效应

阻力带训练是抗阻训练的一种，阻力带拉长时产生阻力，肌肉动员各运动单位进行收缩克服阻力。同时，随着阻力带拉长，产生的阻力加大，这时肌肉运动中参加的运动单位数目增多，进而加大肌肉横截面积，以配合力量训练的要求。如果不想让肌肉体积变大，可以采用快速牵拉训练，这种训练通过加大发放冲动的频率对肌肉产生强烈的刺激，使肌肉发生强直性收缩，收缩能量不断积累叠加后，促使肌肉运动表现出更明显的效果。这种训练过程是通过改善神经系统支配肌肉的协调性来实现增强肌肉力量的目的。阻力带训练是一种多关节协同配合的训练方法，可以在短时间内起到提升力量的效果。使用阻力带进行力量训练时，更注重肌肉的运动形式，即进行向心和离心交替收缩，它在肌肉拉伸放松和肌肉回缩阶段都存在阻力。阻力带训练参考了运动生理学和运动力学内容，并以其作为训练设计的依据。从运动生理学的视角对阻力带体能训练进行分析，会发现训练过程中对肌肉运动形式、关节周围肌群的合作方式的要求，促使训练效果发生明显改善。在阻力带训练中，肌肉进行离心、向心收缩交替，因此，可将其规划为结合多种收缩方式的一种训练方法，对肌肉的协调性大有提高。总的来说，阻力带训练具有渐进加强的特点，可以积极、有效地提高体能训练效果。从运动力学方面分析，阻力带训练利用运动力学中的力矩理念，通过力量曲线表现阻力带训练的过程：一方面，力量曲线反映了在进行阻力带训练中，运动员在整个过程中的关节活动转动变化，同时，保证了运动员在训练过程中的正确用力；另一方面，要考虑到阻力带在训练过程中，阻力带的拉伸效果及最大拉伸长度，对手腕、脚踝等关节形成的力矩产生影响。

二、阻力带在体能训练中的应用

阻力带因其特性在训练工具中脱颖而出。首先，阻力带方便易携带，在训练过程中，通过阻力带对身体各部位的肌肉进行练习，就可起到与传统训练相同的效果。阻力带训练的优势在于它不限制场地，当出现训练设备不足或外出地区不具备专业训练场地时，可通过设计针对性的动作，促使运动员的能力得到加强。其次，阻力带没有固定的运动轨迹。阻力带与重力关系不大，而且其对转动方向没有任何限制，适应各种运动项目的训练要求。最后，阻力带具有安全有效性。进行传统训练时，由于负荷强度不易调整，肌肉极易产生疲惫的感觉，这时仍要继续练习的话，就有一定的运动损伤风险。而进行阻力带训练时，肌肉运动方式是向心、离心交替进行的，这在一定程度上降低了运动员身体的疲惫感，减少了发生运动损伤的可能，同时对运动效果和运动时间发生改善。

总之，阻力带训练计划的设计，不仅要结合运动员自身的特点，还要满足运动项目的要求。

第三节　悬吊体能训练

一、悬吊体能训练

悬吊体能训练是指通过悬吊带将身体局部部位悬吊起来，使人体与自身的体重进行对抗，从而激发肌肉的兴奋性，刺激肌肉群而进行的力量练习。悬吊体能训练是近几年较为流行的一种新兴体能锻炼方法，经常能在各种训练场所和健身会所看到，它为广大运动员和健身爱好者提供了很有效的帮助。悬吊训练的工作原理是通过刺激躯干和四肢的肌肉群，从而增加机体的平衡及协调能力。简单来说就是在非稳定状态下进行体能锻炼的一种训练方式。

悬吊训练翻译为英文是 Total Resistance Exercise，即全身抗阻力锻炼。二十世纪七八十年代的时候，很多作战士兵喜欢将悬吊带的一端悬吊在炮管上或悬吊在空中，通过将人体的局部肢体悬吊起来进行体能训练。之所以悬吊训练能得到广大士兵的喜爱，是因为悬吊训练装置简易、方便，随便利用一根绳子就可以进行体能训练，达到维持体能、强化体能的目的，不仅提高了平时的训练效果，还减少了伤病的出现。在经历多年后，美国海豹突击队的指挥官 Randy Hetrick 退役后在原来的训练基础上加以改造和设计，逐渐演化为大众健身的健身课程——悬吊训练系统。从此之后悬吊训练被越来越多的体能培训机构和个人运用到体能训练中来。除此之外，悬吊训练被广泛引用到医疗康复方面，主要是预防运动损伤的发生。

悬吊训练套装为单点固定结构，由悬吊带、手柄和脚部支架组成。由于重力的作用，当训练器被悬吊起来时，它与地面垂直。现在体育工作者将悬吊训练应用于日常身体锻炼中，主要通过对肢体的悬吊，对悬吊部位的肌肉进行锻炼，还可以对在运动过程中的受伤部位进行康复。悬吊训练主要有开链和闭链这两种完全不同的训练方法，结合训练者的年龄、性别，针对性地进行训练，同时也可以根据悬吊的角度不同和悬吊部位的不同以及训练动作的不同进行进阶和退阶训练。最早，悬吊训练被用来治疗人体肩关节和髋关节的疾病，尤其是运动损伤的治疗，能够取得良好的疗效。后来，挪威的一位学者将悬吊训练法与运动生物力学原理相结合，针对不同的体能基础和不同的运动损伤部位，将其灵活运用到体育训练和体育损伤的康复中，帮助不同需求的人群治疗运动损伤和增强体质。利用悬吊训练进行训练时，要明确整个悬吊是通过肢体悬吊部位、悬吊角度和所做的动作来调节负荷的强度，让训练者保持良好的状态，不会因过度训练而造成运动损伤。

二、悬吊体能训练的生物学效应

从生理解剖学的角度来看，悬吊体能训练不同于以往的体能训练，常规体能训练主要针对的是大肌肉群，通过训练对大肌肉群进行力量刺激，而悬吊体能训练主要针对的是小肌肉群。悬吊体能训练通过悬吊带将身体局部部位悬吊起来，使身体在不稳定状态下进行力量练习，这样一来，人体的重力由整根悬吊带来支撑，人体则需要克服自身的体重，以此来达到刺激力量增长的目的，还可以刺激到周围的小肌肉群以及深层肌肉群，增加小肌肉群的兴奋性。这样的力量练习相比常规的力量练习而言，则更加系统和全面。从悬吊体能训练的工作原理来看，常规的力量练习是在身体重心处于相对平衡的状态下完成动作，这种平衡状态主要来源于器械和地面提供的支撑力。悬吊体能训练强调的是稳定和平衡，强调核心深层次小肌肉群的固定作用以及神经对肌肉的支配能力，它是依靠神经支配肌肉控制动作，这样可以更好地增加训练者的本体控制感。悬吊体能训练是以常规力量训练为基础，进一步发展完善而形成的，更好地完善了常规力量训练中核心肌肉力量发展的不足。因此，悬吊体能训练集一般力量训练的性质、专项力量训练的作用于一体，同时对运动损伤的康复性，提高人体运动能力，以及预防运动损伤都具有独特的作用。

三、悬吊体能训练对大学生体能训练的重要意义

与其他体能训练方式相比，悬吊体能训练有以下几点优势：（1）悬吊体能训练可以针对任何水准的人、在任何地方针对任何体适能或运动表现目标做训练；（2）悬吊体能训练使用单点固定，使得训练更加方便；（3）悬吊体能训练是将身体看作一个整体，因此在训练过程中需要利用自身的稳定性来迫使全身核心力量的参与；（4）由于训练方便，对器材要求较低，悬吊体能训练可以延伸到各项运动中。

常规的体能训练极易造成训练者的枯燥感，降低学生的训练积极性，悬吊体能训练以新颖的训练方式打破了常规训练的枯燥感，以它特有的训练方式吸引学生积极地参与其中。因此，适当地利用悬吊训练与其他器械相结合进行训练，能有效提高大学生的运动兴趣。

参考文献

[1]耿建华. 体能训练理论与方法[M]. 西安：陕西师范大学出版社，2013.

[2]王婉纯. 发展高校学生体能素质的路径研究[J]. 体育科技，2018(6)：39.

[3]林香菜. 大学生体能训练问题及对策探析[J]. 青少年体育，2019(4)：96-97.

[4]方兴. 高校大学生体能训练的重要性与实施方案[J]. 中国农村教育，2020(3)：9-10.

[5]张建强. 大众体育体能训练理论与实践研究[M]. 北京：人民出版社，2012.

[6]井玉辉. 高中体育教学中如何强化学生体能训练[J]. 学周刊，2014(14)：23-24.

[7]孙灿江，林晓辉，冯雨晴. 浅析中学生足球运动训练中体能训练的各种方法——以郑州市中原区为例[J]. 当代体育科技，2015(19)：55-56.

[8]袁守龙. 现代体能训练发展趋势与对策[J]. 体育成人教育学刊，2014(1)：33-34.

[9]王丽娜，安宝全. 新兵体能训练运动强度的确定和调控[J]. 军事体育进修学院学报，2009(1)：89-91.

[10]殷积武. 冰球运动员体能训练的新认识——参加国家级教练员培训班学习有感[J]. 冰雪运动，2014(1)：26-29.

[11]张磊. 关于高校篮球教学中学生体能训练对策探讨[J]. 当代体育科技，2013(29)：44-45.

[12]李铁心. 对高校体能训练优化措施的思考[J]. 赤峰学院学报(自然科学版)，2015，31(20)：159-160.

[13]王葵. 高校大学生体能训练的重要性与实施策略研究[J]. 人才资源开发，2015(18)：149.

[14]夏书. 浅议大学生体能训练计划的制定[J]. 品牌(下半月)，2013(10)：57.

[15]陈补林. 促进大学生加强体能训练的对策研究[J]. 青少年体育，2017(4)：111-112.

[16]徐丽. 大学体育教学中大学生体能素质的培养途径探析[J]. 辽宁经济职业技术学院学报，2017(2)：95-97.

[17]尹文芳. 大学体育教学中学生体能素质的培养途径[J]. 西部素质教育，2017，3(1)：103.

[18]巩俊贤. 大学生体能下降原因及干预策略研究[J]. 价值工程，2017，36(25)：226-228.

[19]彭中东. 高校大学生体能教学问题及对策浅析[J]. 当代体育科技，2016，6

（34）：119，121.

[20]赵红，张童.慕课 MOOC 时代下的高校健美操网络课程建设与应用[J].当代体育科技，2015，5(18)：125-126，128.

[21]黎力榕.体育游戏在大学生体能发展中的应用[J].才智，2017(21)：17.

[22]田学军，张振孝.在校大学生课余体育锻炼影响学生身体素质的因素及机制的研究[J].职业，2011(5).

[23]方永亮.普通高校大学生身体素质现状分析[J].佳木斯教育学院学报，2011(2).

[24]魏星.造成大学生身体素质下降的成因分析及对策研究[J].才智，2010(7).

[25]熊正英.运动营养与健康概论[M].西安：陕西科学技术出版社，2014.

[26]张月霞.体能训练对高校大学生身体素质的影响研究[J].福建茶叶，2019，41(9)：234.

[27]闫新芳.当代大学生体能训练方法及有效性研究[J].江西电力职业技术学院学报，2019，32(10)：84-85.

[28]俞杰.大学生体能训练的注意要点分析[J].兴义民族师范学院学报，2017(1)：87-89.

[29]杨梦岐.高校大学生体能素质的分析与建议[J].当代体育科技，2019，9(5)：163-164.

附录 1-1 《国家学生体质健康标准》大学生体能测试指标

单项指标	单　位	项目性质
体重指数(BMI)	千克/平方米	胖瘦程度
肺活量	毫升	心肺耐力
50 米跑	秒	速度
坐位体前屈	厘米	柔韧性
立定跳远(厘米)	厘米	爆发力
引体向上(男)/1 分钟仰卧起坐(女)	次	力量
1000 米跑(男)/800 米跑(女)	米/秒	速度耐力

第二篇
阻力带训练法对大学生
体能改善的实验研究

第一章　国内外阻力带训练研究进展

第一节　国内对阻力带训练的研究

阻力带训练发展前期，人们运用各种报废的汽车或自行车的内里胶胎进行一些简单的拉伸练习。伴随着现代科技的迅猛发展，人们对阻力带各方面应用的认识逐渐加深，发现利用阻力带练习表现出的力量曲线与人类关节运动所产生的力量曲线很接近。另外，利用阻力带进行练习并非只能进行一些单关节的练习，而是可以将多个关节配合起来，例如加速跑、纵跳、手臂发球等动作。在青少年进行体能训练的过程中，阻力带是必不可少的一项训练工具，这是因为这一阶段的少年儿童骨骼发育不完全，无法承载超出自身的训练负荷和重量，而利用阻力带训练则刚好填补了青少年在这一阶段中没有合适器材训练的问题，在练习过程中既可以有效运用阻力带的弹力特性加大练习负荷强度，又可以减少练习过程中运动损伤的发生。

高杰等人对阻力带训练在康复方面的研究发现，以阻力带训练运动疗法为主的复合康复方法在肩周炎的治疗中效果显著。将阻力带运用到康复练习时，要关注整个过程中身体的负荷强度、各部位肌肉的活动方式以及各个关节轴的运动。进行阻力带练习过程中，身体的负荷强度是循序渐进的，练习过程中肌肉的活动方式是向心运动和离心运动交替进行，而各个关节轴的运动可以是多个关节协同配合，也可以是单关节运动。阻力带训练对提升运动能力和避免运动损伤有明显效果，而其作用在运动康复过程中完成了从伤病治疗到重视预防运动损伤的转变。

利用阻力带进行训练不仅使动作速度和运动幅度有明显提升，同时增强了机体各部位的肌肉力量，身体的控制能力也得到进一步提高。在阻力带对田径训练方面的作用等相关文献中，有三篇是关于短跑力量训练的研究，研究均认为利用阻力带对运动员的下肢进行抗阻训练，可以有效提高下肢的爆发力，进而促进短跑成绩的提高；另有两篇是关于跳跃项目的力量训练研究，研究发现在进行跳跃动作练习时，可以利用阻力带进行先抗阻再减阻的练习，此方法对摆动腿和摆动手臂在力量和速度方面均有一定效果。

在以不同年龄阶段的试验者为研究对象的研究中发现，利用阻力带进行训练一段时间后，身体各部位的肌肉力量均有明显的提升。同样，在对各关节的力量训练研究中，可以发现经过一段时间的阻力带训练后，关节周围肌群的肌力得到较大提升。

近几年来，功能性训练在运动训练中的地位愈加高涨，而其重要组成部分之一的功能性抗阻训练逐渐进入人们的视线。人体的神经系统和肌肉骨骼系统可以通过功能性抗阻训练进行配合，这对神经系统控制动作的完成具有一定的强化效果。经过舒展肌肉的紧张、加强各部位肌肉力量和改善身体基本活动能力等阶段，身体可以在参与各项运动中更好地适应环境。阻力带训练作为功能性抗阻训练的其中一个分支，在训练方式简单方便、训练内容实用和训练有效等方面已得到专业人士的充分认可，同时，在竞技训练、康复治疗训练和大众健身等领域也有了一定的发展。各种数据的研究表明，国内在采用阻力带进行训练的各方面能力或多或少都有提升，说明现在我国在利用阻力带进行各方面训练已有了较多的成果，这为后续的研究提供了坚实的理论基础。

第二节　国外对阻力带训练的研究

早在一百多年前，健身人士就发明出弹性阻力训练工具，起初主要用于少年儿童发育期训练、男性健身增加肌肉力量以及女性为达到理想体型的训练过程中。到20世纪60年代时，科学家参考其物理特性设计出可在太空中进行力量训练及心肺功能训练的仪器。在这之后，康复治疗师发现还可将其作为一种康复练习工具进行恢复训练，在当时最常见的就是将手术管或自行车的胶性内胎作为恢复受伤肌肉能力的训练工具。到了1978年，Hygenic公司内的几名研究专家通过不同弹性力度的阻力带，共同研发了渐进式抗阻训练。根据参与者自身力量的不同，可以选择代表不同弹性力度的阻力带进行有目的的训练。而阻力带更因为其简便携带、成效快且损伤小的特点，在健身康复等领域一直有着较高热度。

Mark Vestegen 与其团队认为：动作的表现程度是体育运动的本质。通过一个动作可以观察出运动员的身体能力和对技术的掌握程度。而在运动过程中，动力链的能量传递效率、能量传输的功率都会影响运动员动作的表现成效，进而对运动员的训练或比赛成绩产生影响。而 Vern 认为，可以利用多种方式去增强人体的功能能力，传统训练只是其中一种方式，多通过身体适应负荷强度来达到目的，而阻力带训练则比较重视整体的协同发展，通过整体的发展，在不改变身体对负荷适应的情况下，增强身体的功能能力。例如：可以通过加强关节周围肌群的肌肉力量，并在整体的协同配合下，对身体的灵敏能力达到改善的效果。

国外关于利用阻力带进行力量训练的相关研究中，可以发现使用单一工具进行训练的效果要远远低于使用阻力带结合轻哑铃等器械的训练效果，在通过一段时间的专项训练后，对运动员上下肢及整体的肌肉力量起到增强的作用，同时对运动员的动作速度及动作幅度产生了积极影响。而在利用阻力带进行抗阻训练的研究中，通过牵引跑等练习，可发现在冲刺加速阶段给予运动员一定的阻力刺激，能够促使运动员水平方向上的数据发生变化，从而得到运动员冲刺加速阶段明显改善的结果。

阻力带训练从运动解剖学和运动生理学的角度出发，并利用生物力学的相关知识对动作分析、调整，进而整理成一个完整的训练系统。众多学者认为，动作是运动的表现形式，通过对动作表象的研究，可以发现身体存在的不足并改善。在进行阻力带练习时，要符合循序渐进的原则，注重整体的发展，运用正确的动作模式，避免发生运动伤病的可能，进而促进人体功能能力发展。此外，阻力带训练计划的安排要考虑到运动员的发展特点和运动项目的要求，通过对运动员功能能力的提升，进而促进运动员技术水平和运动成绩的提高。

第二章　实验概况

第一节　实验设计

一、实验对象、时间、地点及所需器材

（一）实验对象

随机选取陕西师范大学体育学院排球专项班 2018 级的 24 名男生作为实验对象，分为实验组和对照组，每组各 12 名男生。

（二）实验时间

2019 年 3—6 月进行为期 13 周的训练，每周训练 2 次，每次 45 分钟。（专项课共 135 分钟，其中 90 分钟专项课，45 分钟体能训练课）

（三）实验地点

陕西师范大学长安校区室外排球场。

（四）所需器材

跨栏架、测试板、木板、武术棍、秒表、皮尺、跳绳、多功能绳梯、泡沫轴、mini 阻力带、管状阻力带、带状阻力带、瑞士球等。

二、实验相关指标选择依据及测试方法

（一）身体素质指标的选择依据

根据国务院颁布的国际体质测试，规定大学生按照《国家学生体质健康标准》中的要求作为测试标准，并对身体素质进行测试，包括速度素质、柔韧素质、耐力素质、灵敏素质和爆发素质等各项内容，分析对照组和实验组的身体素质改善情况。本次研究体能测试中选取 50 米冲刺跑作为速度测试项目，坐位体前屈作为柔韧测试项目，800 米跑作为耐力测试项目，T 形跑作为灵敏测试项目，纵跳摸高作为爆发力测试项目。

(二)相关指标测试方法

表 2-1　相关指标测试方法

相关指标	测试方法
50 米冲刺	50 米跑应选择百米标准直线跑道进行,指定专人(体育教师)进行测试。测试时,口哨作为起跑口令,还需要秒表、标示。将一端设置为起跑点,距离 50 米位置设置为终点。当听到口哨声时,受试者立即启动,全速跑向终点位置。发令员站在起点线的侧面,在吹响口哨的同时,挥动标示。计时员位于终点线的侧面,看到标示挥动的同时,开始计时;当测试者胸部到达终点线垂直面时停表。
坐位体前屈	测试者坐在垫子上,两腿向前伸直,双脚抵住测试板,两脚尖分开距离不挡住游标。测试时,测试者身体前屈的同时,双手掌心向下,匀速向前平伸,膝关节不能弯曲,将游标向前推到不能推动为止。测试 2 次,相关人员记录最大长度。记录时,游标超过"0"点,记录为正值;游标未超过"0"点,记录为负值。
800 米跑	指定专人(体育教师)安排并记录 800 米跑测试。测试时,需使用口哨和秒表,并在 400 米标准田径场地进行测试,地面要平整,跑道线要清楚。测试者 5~6 人分成一组,采用站立式起跑。当听到口哨声时,测试者立即启动,跑完全程。教师站在起点线的侧面,在吹响口哨的同时,开表计时,当测试者跑完全程,以胸部到达终点线的垂直面方向停表。
T 形跑	受试者立于起点线(A 标志桶),面朝跑动方向,一般采用高起跑方式。受试者起动后冲刺至 B 点手触标志桶,之后转身冲刺回 A,并手触 A 标志桶,随即再折至 B 标志桶,并绕过 B 标志桶跑向 C 点,再绕过 C 点经 B 点回到 A 点。在整个过程中,受试者仅在测试前半部分需要用手触标志桶。每位受试者可以进行 2~3 次测试,但两次测试之间需要安排 3~5 分钟的休息时间,从而保证受试者体能充分恢复。
纵跳摸高	受试者站立于标尺旁,卡尺调至 0 刻度,另一边拉绳卡在受试者腰部,纵跳时下蹲蓄力向上跳,但是要求不能双臂向上摆带动身体向上。每位受试者可以进行 2~3 次测试,但两次测试之间需要安排 3~5 分钟的休息时间,从而保证受试者体能充分恢复。
FMS 身体功能性筛查	要求测试者严格按照动作的具体要求执行,观察动作表象,并对照其不同动作程度的不同进行评分。
身体成分指标	按照 InBody 仪器的使用方法,对受试者的身体成分指标进行测试并打印查看。

三、研究实施流程

研究实施流程见图 2-1。

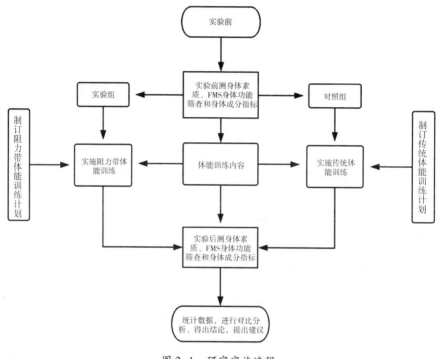

图 2-1　研究实施流程

四、实验控制因素

　　要求随机选择实验对象，其中对对照组成员进行传统体能训练，而对实验组成员进行阻力带体能训练。在实验开始前对分组后的实验组和对照组的测试指标进行测试并分析，确定是否存在显著性差异后，才决定是否可以开始实验。老师在 135 分钟专项课中安排 90 分钟的专项内容训练，剩余 45 分钟安排体能训练。为保证实验的准确性，实验前对学生的测试和实验后的测试分别安排在教学实验的开始前和结束后进行，整个实验中作为评分依据的要求标准、测量器材以及测试人员等方面都相同，项目测试由同一个人全程负责。

第二节　训练方案设计

一、阻力带训练计划的构建原则

(一)区别对待原则

根据人体自身发展特点,不同人群在训练时的要求不同。因此,在制订阻力带训练计划时,需依据自身的负荷强度,设计一系列针对性练习。当用阻力带进行竞技能力训练时,对运动负荷强度的选择,应给予最大力量,或超过肌肉能承载的最大力量的阻力。

(二)均衡发展原则

身体一侧进行了牵拉阻力带训练以后,另一侧同样也需要进行牵拉练习;注重肌肉进行向心收缩活动牵拉阻力带,更要注重肌肉进行离心收缩的还原过程;发展屈肌练习后也要重视伸肌的练习。比如很多人在训练时过于注重胸肌、腹肌等前侧肌肉的练习,而忽视了背部三角肌、多裂肌等伸肌的锻炼,造成脊柱后倾。

(三)完整性原则

不管是训练前的热身准备活动还是练习结束后的放松部分,对于进行训练的人都是很重要的,除了可以预防或减少训练中的肌肉拉伤以外,还可使训练效果比预期的效果更好。准备练习基本上每个人在进行训练时都会做,而放松练习往往被人忽略,生理学的研究证明:在运动后及时做好放松活动,对于快速消除疲劳,调节身体器官及心里放松都有显著效果。

(四)安全有效原则

传统体能训练多采用负重练习的方法,参与训练的肌群较多,强度过大时肌肉极易产生疲劳,伴随着一定的运动损伤概率。与传统负重训练相比,阻力带抗阻训练大部分是以多肌群交替训练的模式进行,因此疲劳不容易积累,受训肌肉能很快得以恢复,受伤的概率就会减小。传统的器械负重训练所提供的负荷模式具有恒定的阻力,一开始阻力会很大,但随着人体适应,关节角度发生变化,训练过程中克服的阻力逐渐变小,动作后程力量减小，速度减慢。而阻力带训练中需要克服的阻力与重力无关，训练时不能产生运动惯性，其训练的效果更佳。

二、阻力带训练计划的制订

(一)阻力带训练计划的构建

动作模式的筛查与纠正。对测试的有关数据进行收集整理归纳后，发现学生在活动过程中仍然存在问题，如：核心力量缺乏、肩关节活动幅度不足以支撑动作完成、核心部位不稳定、身体出现代偿动作、肌肉力量分布不均、躯体两边不平衡以及柔韧性不足等问题。Burton Lee 等人在通过大量的实践验证后，设计出了可以检测身体基本活动能力的动作。同时，他在编写出版的《功能运动系统屏幕评估——纠正策略》和《FMS 先进的修正方法》中，提出了关于 FMS 功能动作测试的动作纠正训练方法。正所谓"不破不立"，即通过建立一个新的动作模式，来打破之前动作模式中存留的问题。Gray Cook 认为，在对动作的纠正训练中，需要按照一定的顺序流程进行，并强调每个动作模式的纠正重点并不相同。纠正动作模式的顺序为：先观察身体灵活度是否存在限制问题，若灵活度受限，导致动作不能完整表达，先改善关于身体灵活度的问题；若不存在问题，则对动作模式的稳定性进行筛查。若在身体的平衡稳定性方面存在问题，通过静态稳定的纠正练习，改善身体平衡能力；若是对动作的保持控制方面存在问题，通过动态稳定的纠正练习，改善动作控制能力。通过改善灵活性和稳定能力来加强动作的协调性，从而建立一个新的动作模式。灵活性的改善可以促进稳定能力的增强，反过来，稳定能力的增强也对灵活性有强化影响。所以，在纠正训练过程中，注意纠正训练的顺序是重点。以正确的动作模式纠正训练流程，可以得到较好的训练效果。

体能训练环节的制订。根据排球项目特点设计出可以改善学生体能的训练内容，因此，本研究将体能训练分成五个部分，为训练前身体拉伸、动态热身、上肢训练、下肢训练、核心稳定区训练，以及纠正训练。

阻力带训练与传统体能训练内容见表 2-2、表 2-3。

表 2-2　阻力带训练环节

训练环节	练习方式	器材	时间	目的
训练前身体拉伸和动态热身	徒手、按摩、动静态拉伸	泡沫轴、管状阻力带、带状阻力带	4min	动静态拉伸激活肌肉本体感觉，激活神经有效控制肌肉的能力，提高身体的灵活性
上肢训练	徒手、水平推、垂直推、水平拉、垂直拉	mini阻力带、管状阻力带、带状阻力带	12min	多平面训练有效地提高学生上肢力量，设计不稳定因素提高身体的平衡能力，发展项目所需发展的上肢小肌肉群力量
下肢训练	负重训练、单脚训练、双脚训练	瑞士球、mini阻力带、管状阻力带、带状阻力带	12min	发展学生下肢的爆发力，增加不稳定因素促进协调能力和平衡能力的发展，发展项目所需发展的下肢小肌肉群力量
核心稳定区训练	徒手、结合器材训练	瑞士球、mini阻力带、管状阻力带、带状阻力带	12min	通过不稳定因素增强学生核心肌群的力量，提高身体躯干部位的稳定性
纠正训练	徒手、结合器材训练	管状阻力带、带状阻力带	5min	改善基本活动能力，提高灵活性和稳定性

表 2-3　传统体能训练环节

训练环节	练习方式	时间	目的
热身活动	徒手、动静态拉伸	4min	动静态拉伸激活肌肉本体感觉，激活神经有效控制肌肉的能力，提高身体的灵活性
上肢训练	徒手、负重训练	12min	多平面训练有效地提高学生上肢力量，设计不稳定因素提高身体的平衡能力，发展项目所需发展的上肢小肌肉群力量
下肢训练	负重训练、单、双脚训练	12min	发展学生下肢的爆发力，增加不稳定因素促进协调能力和平衡能力的发展，发展项目所需发展的下肢小肌肉群力量
核心稳定区训练	徒手、结合器材训练	12min	通过不稳定因素增强学生核心肌群的力量，提高身体躯干部位的稳定性
放松练习	徒手、动静态拉伸	5min	通过动静态拉伸以达到放松、舒展身体肌肉的目的

(二)阻力带训练阶段划分

本研究对学生的阻力带体能训练计划，按照时间分为以下三个阶段：在第一周到第四周的基础阶段，进行基础练习；在第五周到第九周的强化阶段，进行强化练习；在第十周到第十三周的巩固保持阶段，进行加强巩固练习。

第三节 不同训练阶段的实施计划

一、基础阶段训练计划的实施

这一阶段的学生主要存在身体不协调、动作不流畅、肌肉力量分布不均、核心力量不足，以及关节活动能力不足等问题。而在基础练习阶段的侧重点在于：通过阻力带训练，对学生身体的基本活动能力进行干预，从而对学生的运动素质能力、身体基本活动能力，以及身体控制方面达到改善的效果。基础阶段训练计划见表2-4。

表2-4 基础阶段训练计划(第1—4周)

训练环节	动作名称	器材	时间/次数	组数
训练前身体拉伸和动态热身	双膝跪姿牵拉	无	15 秒	2
	髋部下压牵拉	无	15 秒	2
	腿部后群牵拉	无	15 秒	2
	腿部侧群牵拉	无	15 秒	2
	腿部前群牵拉	无	15 秒	2
	跟腱牵拉	无	15 秒	2
	髋部激活练习	无	15 秒	2
	弓步髋部下压	无	15 秒	2
上肢训练	单膝跪姿双臂体上侧平拉	带状阻力带	20 次	3
	单膝跪姿单臂向上屈臂摆动	带状阻力带	20 次	3
	单膝跪姿单臂上推	带状阻力带	20 次	3
	双膝跪姿单臂前摆	带状阻力带	20 次	3
	双臂侧拉回收	带状阻力带	20 次	3
下肢训练	牵拉双腿小步向前走	mini 阻力带	20 次	2
	牵拉单腿向后直腿摆动	带状阻力带	20 次	2
	半蹲横向蹬伸移动	带状阻力带	20 次	2
	牵拉向前行进弓步走	带状阻力带	20 次	2
	俯卧单腿牵拉	mini 阻力带	20 次	2

续表

训练环节	动作名称	器材	时间/次数	组数
核心稳定 区训练	仰卧挺髋	带状阻力带	20 次	2
	双腿悬空仰卧收腹	带状阻力带	20 次	3
	仰卧瑞士球单臂侧拉	带状阻力带+瑞士球	20 次	2
	牵拉侧向滑步	带状阻力带	20 次	2
	单臂牵拉跪姿触膝	带状阻力带	20 次	2
纠正训练	举腿交替下落	带状阻力带	20 次	4
	单腿蹲	带状阻力带	20 次	4
	抱腿伸展	带状阻力带	20 次	4
	侧卧肩外展	带状阻力带	20 次	4
	平板支撑	管状阻力带	1 分钟	2

二、强化阶段训练计划的实施

在经过几周的基础训练后，学生的身体基本活动能力得到改善，包括动作的完整流畅、身体的协调配合、肌肉的控制能力加强及动作姿势改善，但仍有部分动作模式在对称性和稳定性方面存在不足。因此，强化练习阶段的重点要放在进一步加强对学生动作的纠正，在对动作难度和负荷方面加强，促使学生对部分肌肉力量加强，进而促进机体动力链的有效传输效率，对身体的对称平衡和稳定能力起到改善的作用。强化阶段训练计划见表2-5。

表 2-5　强化阶段训练计划（第 5—9 周）

训练环节	动作名称	器材	时间/次数	组数
训练前身体 拉伸和 动态热身	后退单腿拉伸	带状阻力带	15 秒	2
	臀桥	带状阻力带	15 秒	2
	双臂胸前上拉	带状阻力带	15 秒	2
	侧平举	带状阻力带	15 秒	2
	坐位体前屈	带状阻力带	15 秒	2
上肢训练	俯卧撑	mini 阻力带	20 次	3
	俯卧直臂横向移动	mini 阻力带	20 次	3
	单膝跪姿双臂侧平举	带状阻力带	20 次	3
	半蹲单臂牵拉转体	带状阻力带	20 次	3
	肩上双臂上拉	管状阻力带	20 次	3

续表

训练环节	动作名称	器材	时间/次数	组数
下肢训练	牵拉双腿小步向后走	带状阻力带	25 次	4
	牵拉单腿向前直腿摆动	带状阻力带	25 次	4
	单腿直立抬腿	带状阻力带	25 次	4
	单膝跪姿单腿后蹬	带状阻力带	25 次	3
	俯卧蹬地跑	带状阻力带	25 次	3
核心稳定区训练	半仰卧单腿牵拉	带状阻力带	20 次	3
	单腿稳定性练习	带状阻力带	20 次	3
	侧桥向上摆腿	带状阻力带	20 次	3
	上体悬空双臂直臂前摆	带状阻力带	20 次	3
	半仰卧起坐	mini 阻力带	20 次	3
纠正训练	肩部环绕	带状阻力带	20 次	4
	虎式	带状阻力带	20 次	4
	单膝跪姿跨栏起跨腿练习	带状阻力带	20 次	4
	双牵拉成弓步	带状阻力带+mini 阻力带	20 次	4
	直膝抬腿	管状阻力带	20 次	4

三、巩固阶段训练计划的实施

这一阶段的学生在经过前期的基础和强化练习后，可以发现身体基本活动能力已经得到了明显变化，机体各部位的肌肉力量也得到了加强。因此，这一阶段的重点要放在保持现有能力的基础上，对身体能力再次加强。巩固阶段训练计划见表 2-6。

表 2-6 巩固阶段训练计划(第 10—13 周)

训练环节	动作名称	器材	时间/次数	组数
训练前身体拉伸和动态热身	单膝跪姿髋部外展	带状阻力带	15 秒	2
	单膝跪姿肩部激活	带状阻力带	15 秒	2
	双牵拉腿部激活	带状阻力带+mini 阻力带	15 秒	2
	身体侧拉	带状阻力带	15 秒	2
	双膝跪姿	带状阻力带	15 秒	2
	单臂侧摆			

续表

训练环节	动作名称	器材	时间/次数	组数
上肢训练	双臂侧拉成侧平举	带状阻力带	20 次	3
	侧桥单臂侧平拉	管状阻力带	20 次	3
	屈体直臂上拉	带状阻力带	20 次	3
	单膝跪姿体前屈	带状阻力带	20 次	3
	俯卧撑侧拉	带状阻力带	20 次	3
下肢训练	半蹲双牵拉横向蹬伸移动	带状阻力带+mini 阻力带	25 次	4
	向前蹬摆呈弓步	带状阻力带	25 次	4
	双牵拉向前高抬腿	管状阻力带+mini 阻力带	25 次	4
	坐姿双腿外展	带状阻力带	25 次	3
	牵拉转身侧向呈弓步	带状阻力带	25 次	3
核心稳定区训练	侧桥向上摆腿	带状阻力带	20 次	3
	背桥单腿上摆	带状阻力带	20 次	3
	单臂仰卧摸脚踝	带状阻力带	20 次	3
	侧桥单臂牵拉触膝	带状阻力带	20 次	3
	双牵拉侧向滑步	带状阻力带+mini 阻力带	20 次	3
纠正训练	单腿屈膝臀桥	mini 阻力带	20 次	4
	阻力带深蹲	带状阻力带	20 次	4
	抬脚俯卧撑	带状阻力带	20 次	4
	瑞士球屈腿	带状阻力带+瑞士球	20 次	4
	俯卧单手拉	带状阻力带	20 次	4

第四节　研究方法

一、数理统计法

本次研究对各指标测定的数值用平均数±标准差（x±S）表示，用 EXCEL2019 统计软件和 SPSS24.0 统计软件进行所有数据的处理和检验，通过独立样本 T 检验和配对样本 T 检验的方法，对实验组和对照组学生在试验前后的有关数据分析，进而得出可靠结论。

二、逻辑分析法

本研究实验前对两组受试者进行身体基本素质、身体功能性动作筛查（FMS）以及身体成分指标对比，分析两组之间是否存在显著性差异。如果实验前两组学生各方面不具有显著差别，可对实验后两组学生的相关数据进行整理分析，探讨利用阻力带进行体能训练是否有改善效果。

第三章 研究结果

第一节 阻力带训练法对身体功能得分的影响

一、实验前后对实验组和对照组过顶深蹲动作得分的影响

实验前后过顶深蹲动作得分见表2-7。

表2-7 实验前后过顶深蹲动作得分

	实验前	实验后
对照组	2.11±0.43	2.22±0.42
实验组	1.84±0.52	2.64±0.39

由表2-7可以看出：在实验进行前，实验组和对照组学生通过独立样本T检验，发现该动作的$P>0.05$，由此可以得出，在过顶深蹲动作上，实验组和对照组学生不具有显著性差别，说明两组学生的能力处于同一水平，符合实验的要求。

在试验结束后，对实验组和对照组学生过顶深蹲动作的实验前后得分进行配对样本T检验，可以发现过顶深蹲动作实验组学生的$P<0.05$，说明在过顶深蹲动作上，实验组学生实验前后具有明显差异，实验组的学生在过顶深蹲动作上有了明显的改善效果；而对照组学生对该动作实验前后T检验的$P>0.05$，说明在过顶深蹲动作上，对照组学生试验前后没有显著性差异，得出结论：对照组学生在过顶深蹲动作上的改善效果不明显。

在实验结束后，通过对实验组和对照组学生的过顶深蹲动作得分情况进行独立样本T检验，发现该动作的$P<0.05$，说明两组学生在该动作上具

有显著性差异，得出：实验组学生在通过阻力带训练后，过顶深蹲动作得到改善。

二、实验前后对实验组和对照组直线弓箭步下蹲动作得分的影响

实验前后直线弓箭步下蹲动作得分见表 2-8。

表 2-8　实验前后直线弓箭步下蹲动作得分

	实验前	实验后
对照组	1.78±0.41	1.86±0.41
实验组	1.50±0.34	2.28±0.31

由表 2-8 可以看出：在实验进行前，实验组和对照组学生通过独立样本 T 检验，发现该动作的 $P>0.05$，由此可以得出，在直线弓箭步下蹲动作上，实验组和对照组学生不具有显著性差别，说明两组学生的能力处于同一水平，符合实验的要求。

在试验结束后，对实验组和对照组学生弓箭步下蹲动作的实验前后得分进行配对样本 T 检验，可以发现弓箭步下蹲动作实验组学生的 $P<0.01$，说明在弓箭步下蹲动作上，实验组学生实验前后具有非常明显的差异，得出：实验组的学生在弓箭步下蹲动作上有了特别明显的改善效果；而对照组学生对该动作实验前后 T 检验的 $P>0.05$，说明在弓箭步下蹲动作上，对照组学生没有显著性差异，得出：对照组学生在弓箭步下蹲动作上的改善效果不明显。

在实验结束后，通过对实验组和对照组学生的弓箭步下蹲动作得分情况进行独立样本 T 检验，发现该动作的 $P<0.05$，说明两组学生在该动作上具有显著性差异，得出：实验组学生在通过阻力带训练后，弓箭步下蹲动作得到改善。

三、实验前后对实验组和对照组上步跨栏动作得分的影响

实验前后上步跨栏动作得分见表 2-9。

表 2-9 实验前后上步跨栏动作得分

	实验前	实验后
对照组	2.06±0.34	2.14±0.26
实验组	1.86±0.22	2.31±0.27

由表 2-9 可以看出：在实验进行前，实验组和对照组学生通过独立样本 T 检验，发现该动作的 $P>0.05$，由此可以得出，在上步跨栏动作上，实验组和对照组学生不具有显著性差别，说明两组学生的能力处于同一水平，符合实验的要求。

在试验结束后，对实验组和对照组学生上步跨栏动作的实验前后得分进行配对样本 T 检验，可以发现上步跨栏动作实验组学生的 $P<0.01$，说明在上步跨栏动作上，实验组学生实验前后具有非常明显的差异，得出：实验组的学生在上步跨栏动作上有了特别明显的改善效果；而对照组学生对该动作实验前后 T 检验的 $P>0.05$，说明在上步跨栏动作上，对照组学生没有显著性差异，得出：对照组学生在上步跨栏动作上的改善效果不明显。

在实验结束后，通过对实验组和对照组学生的上步跨栏动作得分情况进行独立样本 T 检验，发现该动作的 $P<0.05$，说明两组学生在该动作上具有显著性差异，得出：实验组学生在通过阻力带训练后，上步跨栏动作得到改善。

四、实验前后对实验组和对照组肩部灵活性动作得分的影响

实验前后肩部灵活性动作得分见表 2-10。

表 2-10 实验前后肩部灵活性动作得分

	实验前	实验后
对照组	1.39±0.40	1.45±0.41
实验组	1.25±0.41	1.92±0.32

由表 2-10 可以看出：在实验进行前，实验组和对照组学生通过独立样本 T 检验，发现该动作的 P>0.05，由此可以得出，在肩部灵活性动作上，实验组和对照组学生不具有显著性差别，说明两组学生的能力处于同一水平，符合实验的要求。

在试验结束后，对实验组和对照组学生肩部灵活性动作的实验前后得分进行配对样本 T 检验，可以发现肩部灵活性动作实验组学生的 P<0.01，说明在肩部灵活性动作上，实验组学生实验前后具有特别明显的差异，得出：实验组的学生在肩部灵活性动作上有了特别明显的改善效果；而对照组学生对该动作实验前后 T 检验的 P>0.05，说明在肩部灵活性动作上，对照组学生没有显著性差异，得出：对照组学生在肩部灵活性动作上的改善效果不明显。

在实验结束后，通过对实验组和对照组学生的肩部灵活性动作得分情况进行独立样本 T 检验，发现该动作的 P<0.05，说明两组学生在该动作上具有显著性差异，得出：实验组学生在通过阻力带训练后，肩部灵活性动作得到改善。

五、实验前后对实验组和对照组躯干稳定性俯卧撑动作得分的影响

实验前后躯干稳定性俯卧撑动作得分见表 2-11。

表 2-11 实验前后躯干稳定性俯卧撑动作得分

	实验前	实验后
对照组	1.83±0.50	1.67±0.40
实验组	1.95±0.42	2.61±0.28

由表 2-11 可以看出：在实验进行前，实验组和对照组学生通过独立样本 T 检验，发现该动作的 P>0.05，由此可以得出，在躯干稳定性俯卧撑动作上，实验组和对照组学生不具有显著性差别，说明两组学生的能力处于同一水平，符合实验的要求。

在试验结束后，对实验组和对照组学生躯干稳定性俯卧撑动作的实验前后得分，进行配对样本 T 检验，可以发现躯干稳定性俯卧撑动作实验组学生的 P<0.01，说明在躯干稳定性俯卧撑动作上，实验组学生实验前后具有非常明显的差异，得出：实验组的学生在躯干稳定性俯卧撑动作上有了特别明显的改善效果；而对照组学生对该动作实验前后 T 检验的 P>0.05，说明在躯干稳定性俯卧撑动作上，对照组学生没有显著性差异，得出：对照组学生在躯干稳定性俯卧撑动作上的改善效果不明显。

在实验结束后，通过对实验组和对照组学生的躯干稳定性俯卧撑动作得分情况进行独立样本 T 检验，发现该动作的 P<0.05，说明两组学生在该动作上具有显著性差异，得出：实验组学生在通过阻力带训练后，躯干稳定性俯卧撑动作得到改善。

六、实验前后对实验组和对照组直膝上抬腿动作得分的影响

实验前后直膝上抬腿动作得分见表 2-12。

表 2-12 实验前后直膝上抬腿动作得分

	实验前	实验后
对照组	1.31±0.56	1.39±0.53
实验组	1.06±0.34	2.03±0.48

由表 2-12 可以看出：在实验进行前，实验组和对照组学生通过独立样本 T 检验，发现该动作的 P>0.05，由此可以得出，在直膝上抬腿动作上，实验组和对照组学生不具有显著性差别，说明两组学生的能力处于同一水平，符合实验的要求。

在试验结束后，对实验组和对照组学生直膝上抬腿动作的实验前后得分进行配对样本 T 检验，可以发现直膝上抬腿动作实验组学生的 P<0.05，说明在直膝上抬腿动作上，实验组学生实验前后具有明显差异，得出：实验组的学生在直膝上抬腿动作上有了明显的改善效果；而对照组学生对该动作实验前后 T 检验的 P>0.05，说明在直膝上抬腿动作上，对照组学生没有显著性差异，得出：对照组学生在直膝上抬腿动作上的改善效果不

明显。

在实验结束后，通过对实验组和对照组学生的直膝上抬腿动作得分情况进行独立样本 T 检验，发现该动作的 P<0.05，说明两组学生在该动作上具有显著性差异，得出：实验组学生在通过阻力带训练后，直膝上抬腿动作得到改善。

七、实验前后对实验组和对照组转动稳定性动作得分的影响

实验前后转动稳定性动作得分见表 2-13。

表 2-13　实验前后转动稳定性动作得分

	实验前	实验后
对照组	1.06±0.37	1.17±0.36
实验组	1.09±0.32	1.80±0.31

由表 2-13 可以看出：在实验进行前，实验组和对照组学生通过独立样本 T 检验，发现该动作的 P>0.05，由此可以得出，在转动稳定性动作上，实验组和对照组学生不具有显著性差别，说明两组学生的能力处于同一水平，符合实验的要求。

在试验结束后，对实验组和对照组学生转动稳定性动作的实验前后得分进行配对样本 T 检验，可以发现转动稳定性动作实验组学生的 P<0.01，说明在转动稳定性动作上，实验组学生实验前后具有非常明显差异，得出：实验组的学生在转动稳定性动作上有了特别明显的改善效果；而对照组学生对该动作实验前后检验的 P>0.05，说明在转动稳定性动作上，对照组学生没有显著性差异，得出：对照组学生在转动稳定性动作上的改善效果不明显。

在实验结束后，通过对实验组和对照组学生的转动稳定性动作得分情况进行独立样本 T 检验，发现该动作的 P<0.01，说明两组学生在该动作上具有非常显著性差异，得出：实验组学生在通过阻力带训练后，转动稳定性动作得到明显改善。

第二节　阻力带训练法对实验组和对照组身体素质的影响

一、实验前后对实验组和对照组速度素质的影响

表 2-14　实验前后速度素质测试结果

	实验前	实验后
对照组	6.37±0.42	6.33±0.34
实验组	6.68±0.48	6.64±0.41

由表 2-14 可以发现：在实验开始前，对实验组和对照组进行速度素质测试，得出实验组学生 50 米成绩的均值为 6.68±0.48 秒，对照组学生的均值为 6.37±0.42 秒。并在实验开始前，对实验组和对照组学生的 50 米成绩进行独立样本 T 检验，得出 $P>0.05$，说明两组学生在速度能力上不具有显著差异，由此推断出，实验组和对照组学生的速度素质处在同一水平。

对实验前后两组学生的 50 米成绩进行配对样本 T 检验，发现实验组和对照组学生在 50 米成绩的 P 值均大于 0.05，说明两组学生在速度能力上均不具有显著差异，得出：实验组和对照组学生的 50 米成绩，通过训练后效果提升均不明显。

在实验结束后，实验组学生 50 米成绩均值为 6.64±0.41 秒，对照组学生 50 米成绩均值为 6.33±0.34 秒。对实验组和对照组学生的运动成绩进行独立样本 T 检验，发现实验后两组学生 50 米成绩的 $P>0.05$，说明实验组和对照组学生的速度能力不具有显著差异，得出：阻力带训练对学生的速度改善效果较之传统训练效果差别不大。

二、实验前后对实验组和对照组耐力素质的影响

表 2-15　实验前后耐力素质测试结果

	实验前	实验后
对照组	2.35±0.89	2.33±0.81
实验组	2.60±0.29	2.41±0.11

由表 2-15 可以发现：在实验开始前，对实验组和对照组进行耐力素质测试，得出实验组学生 800 米成绩的均值为 2.60±0.29 分钟，对照组学生的均值为 2.35±0.89 分钟。并在实验开始前，对实验组和对照组学生的 800 米成绩，进行独立样本 T 检验，得出 P>0.05，说明两组学生在耐力素质上不具有显著差异，由此推断出，实验组和对照组学生的耐力素质处在同一水平。

对实验前后两组学生的 800 米成绩，进行配对样本 T 检验，发现实验组学生 800 米成绩的 P<0.05，说明实验组学生的 800 米成绩在实验前后对比中具有明显差异，得出：训练后的实验组学生在耐力素质上有改善效果。对照组学生的配对 T 检验结果发现 P>0.05，说明对照组学生在 800 米成绩上，实验前后对比不存在明显变化，得出：对照组学生在训练后耐力素质改善效果不明显。

在实验结束后，发现实验组学生 800 米成绩均值为 2.41±0.11 分钟，对照组学生 800 米成绩均值为 2.33±0.81 分钟。对实验组和对照组学生的 800 米成绩进行独立样本 T 检验，发现实验后两组学生 800 米成绩的 P<0.05，说明实验组和对照组学生在 800 米测试中具有显著差异，得出：阻力带训练对学生的耐力改善效果显著。

三、实验前后对实验组和对照组灵敏素质的影响

表 2-16　实验前后灵敏素质测试结果

	实验前	实验后
对照组	9.49±0.26	9.42±0.24
实验组	9.60±0.64	9.25±0.43

由表 2-16 可以发现：在实验开始前，对实验组和对照组进行灵敏素质测试，得出实验组 T 形跑的均值为 9.60±0.64 秒，对照组学生 T 形跑的均值为 9.49±0.26 秒。并在实验开始前，对实验组和对照组学生的 T 形跑时间进行独立样本 T 检验，得出 $P>0.05$，说明两组学生在灵敏素质上不具有显著差异，由此推断出，实验组和对照组学生的灵敏素质处在同一水平。

对实验开始前和结束后的实验组和对照组学生 T 形跑时间进行配对样本 T 检验，发现实验组学生的 $P<0.01$，说明实验组学生的灵敏能力实验前后对比具有明显差异，得出：训练后的实验组学生在灵敏能力方面有改善效果。对照组学生试验前和结束后的配对样本 T 检验结果 $P>0.05$，说明对照组学生在 T 形跑时间上，实验前后对比不存在明显变化，得出：对照组学生在训练后灵敏能力改善效果不明显。

在实验结束后，发现实验组学生 T 形跑时间均值为 9.25±0.43 秒，对照组学生 T 形跑时间均值为 9.42±0.24 秒。对实验组和对照组学生的成绩进行独立样本 T 检验，发现实验后两组学生成绩的 $P<0.05$，说明实验组和对照组学生在 T 形跑测试中具有显著差异，得出：阻力带训练对学生的灵敏素质改善效果显著。

四、实验前后对实验组和对照组柔韧素质的影响

表 2-17　实验前后柔韧素质测试结果

	实验前	实验后
对照组	10.68±5.29	10.71±5.29
实验组	11.75±7.60	11.85±7.56

由表 2-17 可以发现：在实验开始前，对实验组和对照组进行柔韧素质测试，得出实验组学生坐位体前屈成绩的均值为 11.75±7.60 厘米，对照组学生的坐位体前屈成绩均值为 10.68±5.29 厘米。并在实验开始前，对实验组和对照组学生的坐位体前屈成绩进行独立样本 T 检验，得出 P>0.05，说明两组学生在柔韧素质上不具有显著差异，由此推断出，实验组和对照组学生的柔韧素质处在同一水平。

对实验前后两组学生的坐位体前屈成绩进行配对样本 T 检验，发现实验组和对照组学生坐位体前屈成绩的 P 值均大于 0.05，说明两组学生的柔韧素质在实验前和结束后均不具有显著差异，得出：实验组和对照组学生的坐位体前屈成绩，通过训练后的效果改善不明显。

在实验结束后，实验组学生坐位体前屈成绩均值为 11.85±7.56 厘米，对照组学生坐位体前屈成绩均值为 10.71±5.29 厘米。对实验组和对照组学生的运动成绩进行独立样本 T 检验，发现实验后两组学生坐位体前屈成绩的 P>0.05，说明实验组和对照组学生的柔韧方面不具有显著差异，得出：阻力带训练对学生的柔韧素质改善效果较传统训练效果差别不大。

五、实验前后对实验组和对照组爆发力素质的影响

表 2-18　实验前后爆发力素质测试结果

	实验前	实验后
对照组	47.95±6.54	48.10±6.39
实验组	47.05±6.13	53.47±5.59

由表 2-18 可以发现：在实验开始前，对实验组和对照组进行爆发力素质测试，得出实验组学生纵跳摸高成绩的均值为 47.05±6.13 厘米，对照组学生纵跳摸高成绩均值为 47.95±6.54 厘米。并在实验开始前，对实验组和对照组学生的纵跳摸高高度进行独立样本 T 检验，得出 P>0.05，说明两组学生在爆发力素质上不具有显著差异，由此推断出，实验组和对照组学生的爆发力素质处在同一水平。

对实验开始前和结束后的实验组对照组学生纵跳摸高高度进行配对样本 T 检验，发现实验组学生成绩的 P<0.01，说明实验组学生的爆发力素质在实验前后对比中具有明显差异，得出：训练后的实验组学生的爆发力素质得到改善效果。对照组学生成绩的配对 T 检验结果 P>0.05，说明对照组学生在纵跳摸高高度上，实验前后对比不存在明显变化，得出：对照组学生在训练后爆发力素质改善效果不明显。

在实验结束后，发现实验组学生纵跳摸高高度均值为 53.47±5.59 厘米，对照组学生纵跳摸高高度均值为 48.10±6.39 厘米。对实验组和对照组学生的成绩进行独立样本 T 检验，发现实验后两组学生成绩的 P<0.05，说明实验组和对照组学生在纵跳摸高测试中成绩具有显著差异，得出：阻力带训练对学生的爆发力素质改善效果显著。

第三节　阻力带训练法对实验组和对照组身体成分的影响

一、实验前后对实验组和对照组身体质量指数(BMI)的影响

表 2-19　实验前后身体质量指数测试结果

	实验前	实验后
对照组	21.79±1.96	21.22±1.31
实验组	21.93±1.47	19.29±0.56

由表 2-19 发现，对实验组和对照组学生进行身体质量指数（BMI）测试，得出实验组学生实验前均值为 21.93±1.47，对照组学生实验前均值为 21.79±1.96。并在实验开始前，对实验组和对照组学生身体质量指数

（BMI）数据进行独立样本 T 检验，发现 P>0.05，说明身体质量指数（BMI）指标在两组学生中不存在显著性差异，得出：实验组和对照组学生的身体质量指数处在同一水平。

对实验组和对照组学生身体质量指数（BMI）在实验前后的数据，通过配对样本 T 检验，分析两组学生该指标在实验前后是否存在差异。发现实验组学生身体质量指数（BMI）数据在实验前和结束后的 P<0.05，表明实验组学生身体质量指数（BMI）实验前后存在显著性差异，推断出实验组学生实验后的身体质量指数（BMI）得到明显改善。对对照组学生实验前后数据进行配对 T 检验，发现 P>0.05，说明对照组学生身体质量指数（BMI）在实验前后不存在显著性差异，推断出对照组学生实验后身体质量指数（BMI）变化不明显。

实验组学生实验后身体质量指数（BMI）平均值为 19.29±0.56，对照组为 21.22±1.31。经过独立 T 检验，实验组和对照组实验后测试数据对比 P<0.05，表明身体质量指数（BMI）指标在实验组和对照组存在显著性差异，推断出阻力带训练对实验组学生身体质量指数（BMI）数据具有改善效果。

二、实验前后对实验组和对照组体脂百分比的影响

表 2-20　实验前后体脂百分比测试结果

	实验前	实验后
对照组	11.63±1.48	11.53±1.41
实验组	11.53±1.29	10.26±0.67

由表 2-20 发现，对实验组和对照组学生进行体脂百分比（PBF）测试，得出实验组学生实验前体脂百分比（PBF）均值为 11.53±1.29，对照组学生实验前体脂百分比（PBF）均值为 11.63±1.48。并在实验开始前，对实验组和对照组学生体脂百分比（PBF）数据进行独立样本 T 检验，发现 P>0.05，说明体脂百分比（PBF）指标在两组学生中不存在显著性差异，得出：实验组和对照组学生的体脂百分比（PBF）处在同一水平。

对实验组和对照组学生体脂百分比（PBF）在实验前后的数据，通过配对样本 T 检验，分析两组学生该指标在实验前后是否存在差异。发现实验组学生体脂百分比（PBF）数据 P<0.01，表明实验组学生体脂百分比指标在实验前后存在非常显著性差异，推断出实验组学生实验后的体脂百分比得到明显改善。对对照组学生实验前后数据进行配对 T 检验，发现 P>0.05，说明对照组学生体脂百分比（PBF）指标在实验前后不存在显著性差异，推断出对照组学生实验后体脂百分比（PBF）变化不明显。

实验组实验后体脂百分比（PBF）平均值为 10.26±0.67，对照组为 11.53±1.41。经过独立 T 检验，实验组和对照组实验后测试数据对比 P<0.05，表明体脂百分比指标在实验组和对照组存在显著性差异，推断出阻力带训练对实验组学生体脂百分比（PBF）数据具有改善效果。

三、实验前后对实验组和对照组腰臀比的影响

表 2-21　实验前后腰臀比测试结果

	实验前	实验后
对照组	0.79±0.03	0.78±0.03
实验组	0.78±0.03	0.77±0.03

由表 2-21 发现，对实验组和对照组学生进行腰臀比测试，得出实验组学生实验前腰臀比均值为 0.78±0.03，对照组学生实验前腰臀比均值为 0.79±0.03。并在实验开始前，对实验组和对照组学生腰臀比数据进行独立样本 T 检验，发现 P>0.05，说明腰臀比指标在两组学生中不存在显著性差异，得出：实验组和对照组学生的腰臀比处在同一水平。

对实验组和对照组学生腰臀比在实验前后的数据，通过配对样本 T 检验，分析两组学生该指标在实验前后是否存在差异。发现实验组和对照组学生的腰臀比测试数据 P 值均大于 0.05，说明两组学生腰臀比指标在实验前后均没有明显差异，说明实验组学生和对照组学生在练习前后效果均改善不明显。

试验结束后，得出实验组学生腰臀比数据均值为 0.77±0.03，对照组学生腰臀比数据均值为 0.78±0.03。对两组数据进行独立 T 检验后，发现 P>0.05，即腰臀比指标在两组学生中不存在显著性差异，推断出阻力带训练对学生腰臀比指标改善效果不明显。

第四章　讨　　论

第一节　阻力带训练法对身体功能动作测试结果的影响的讨论

一、阻力带训练法对过顶深蹲动作的影响的讨论

过顶深蹲动作是身体功能动作测试的重要环节之一，它通常被用作进行测试机体髋、膝和踝两侧对称的灵活性和稳定性能力。类似研究表明，实验前，过顶深蹲动作测试分数的分布比较均匀，总体差别不大。而在试验结束后，学生在深蹲动作完成过程中，所存在的不能完全下蹲和身体代偿性前倾问题得到有效改善，并且身体关节的灵活性和稳定性能力也得到加强。

本研究中，在实验开始前，对学生进行身体功能动作测试，发现部分学生在进行过顶深蹲动作时，存在上肢部位代偿性前倾、身体稳定平衡不足的问题，训练时针对这些问题设计了纠正练习。在通过13周的阻力带练习后，可以发现：实验组和对照组学生在过顶深蹲动作上存在明显差异，说明实验组学生的身体稳定性、肢体代偿性等问题得到了有效改善。

二、阻力带训练法对直线弓箭步下蹲动作的影响的讨论

直线弓箭步下蹲动作模式在日常活动及体育锻炼中出现得比较频繁。该动作提供了可以快速评价身体左右两侧运动能力的动作模式。有类似研究表明，实验前，受试学生的直线弓箭步下蹲动作平均分处在一个较低的水平，而实验后，受试学生的躯干代偿性前倾和身体晃动现象明显减少。

本研究中，在实验开始前，对学生进行身体功能动作测试，发现学生在直线弓箭步下蹲动作上的得分都比较高，但在动作完成过程中，仍存在平衡能力、对称能力不足的问题，训练时针对这些问题设计了纠正练习。

在通过 13 周的阻力带练习后，可以发现：实验组和对照组学生在直线弓箭步下蹲动作上存在明显差异，且实验组学生在该项动作上的得分多数接近于满分的状态，说明实验组学生的平衡能力和对称能力不足的问题得到了有效改善。

三、阻力带训练法对上步跨栏动作的影响的讨论

上步跨栏动作模式是身体位移和加速的组成部分。上步跨栏测试要求在单腿站立姿势下，观察人体的稳定性和控制能力。上步跨栏测试不是对人体的某个部位进行测试，而是要对整个动作进行测试，在一条腿承载自身重力的同时，另一条腿做出类似跨栏的动作。这个动作考查了身体在程序不足的条件下进行自由转动的能力，以及关节的稳定与配合。类似研究中，对学生进行测试前，发现大多数学生这一动作的得分都不高，而训练后实验组学生踝、膝、髋关节的内旋与过度以及身体的前倾、不稳等情况的改善效果不明显。

本研究中，在实验开始前，对学生进行身体功能动作测试，发现上步跨栏动作中，学生存在上肢晃动和代偿性动作等问题，训练时针对这些问题设计了纠正练习。在通过 13 周的阻力带练习后，可以发现：实验组和对照组学生在上步跨栏动作上存在明显差异，实验组学生的上肢晃动和代偿动作的情况得到明显改善。

四、阻力带训练法对肩部灵活性动作的影响的讨论

肩部灵活性的表现形式，是将肱骨关节的转动、肩胛和胸椎的稳定以及核心的控制等能力，通过协调配合表现出来。在类似研究中发现，进行相关实验后，学生肩部灵活性改善显著。

本研究中，在实验开始前，对学生进行身体功能动作测试，发现学生在做肩关节灵活性的动作时，存在关节转动不完全、躯体不对称的问题，训练时针对这些问题设计了纠正练习。在通过 13 周的阻力带练习后，可以发现：实验组和对照组学生在肩关节灵活性动作上存在显著差异，说明训练后实验组学生的关节转动能力、躯体对称能力等问题得到了有效改进。

五、阻力带训练法对躯干稳定性俯卧撑动作的影响的讨论

躯干稳定性俯卧撑是一项观察核心区域稳定能力的动作。动作的完成依靠全身共同配合用力，而不仅仅只利用到上肢力量。躯干稳定性俯卧撑要求动作完成过程中，身体不能出现弯曲或偏移，在髋关节不做出任何代偿动作的条件下，只用上肢俯撑方式完成。对这一动作模式的类似研究中发现，实验后学生躯干稳定性俯卧撑动作总体改善显著。

本研究中，在实验开始前，对学生进行身体功能动作测试，发现躯干稳定性俯卧撑动作中，只有较少数学生得分高，学生整体上存在核心力量不足、身体不平衡、出现代偿动作等问题，训练时针对这些问题设计了纠正练习。在通过 13 周的阻力带练习后，分析出：实验组和对照组学生在躯干稳定性俯卧撑动作上存在明显差异，说明实验组学生的核心力量、身体平衡和代偿性动作等问题得到了有效改善。

六、阻力带训练法对直膝上抬腿动作的影响的讨论

直膝上抬腿动作是在下肢无负荷的情况下，评价分腿能力的动作。直膝上抬腿动作通过直腿向上伸展的过程，来考查髋关节的屈曲灵活性，反映出了动作完成过程中身体核心区域保持稳定的能力。类似研究发现，实验后学生此动作模式得到了显著改善。

本研究中，在实验开始前，对学生进行身体功能动作测试，发现学生在直膝上抬腿动作中得分较低。在直膝上抬腿动作完成过程中，学生存在大腿柔韧性不足、髋关节灵活性不足的问题，训练时针对这些问题设计了纠正练习。在通过 13 周的阻力带练习后，可以发现：实验组和对照组学生在直膝上抬腿动作上存在明显差异，说明实验组学生的大腿柔韧性不足和髋关节灵活性差的问题得到明显改善。

七、阻力带训练法对转动稳定性动作的影响的讨论

转动稳定性动作对神经系统支配肌肉的协调能力、肌肉能量传递能力以及躯体动力链的有效传输都有很高要求。转动稳定性通过上下肢的对向

转动过程，来观察身体腰腹部的核心、骨盆还有肩部这一个整体在多个平面的稳定能力。在类似研究中，不难发现进行实验后学生的身体晃动和动作不协调问题减少，转动稳定能力得到有效改善。

本研究中，在实验开始前，对学生进行身体功能动作测试，发现在转动稳定性动作中，学生存在转动过程中身体不稳定、平衡能力不足等问题，训练时针对这些问题设计了纠正练习。在通过 13 周的阻力带练习后，可以发现：实验组和对照组学生在转动稳定性动作上存在明显差异，说明实验组学生的多平面难以保持稳定和平衡能力不足的问题得到有效改善。

第二节　阻力带训练法对身体素质的影响的讨论

一、阻力带训练法对速度素质的影响的讨论

50 米跑是中小学生健康体质测试的必测项目之一，它考查了学生的速度素质。类似研究中可以发现：实验后，分组学生的成绩经过独立样本 T 检验后，发现不存在显著差异，说明大家处在同一水平上，训练对速度素质的改变效果不明显。但对比了实验组和对照组实验后的成绩，发现实验组成绩的变化略高于对照组，说明通过一段时间的阻力带练习，对小学生在速度的提高方面具有一定的影响。

本研究中，对实验后的两组学生进行独立样本 T 检验，发现 $P > 0.05$，说明两组学生在 50 米成绩上不具有显著差异，即通过阻力带训练的实验组学生，在速度方面改善效果不明显，但相对于对照组的学生还是有小幅度的提高。研究探索其可能的原因，发现学生的速度素质随着年龄的变化而变化，青少年时期进行训练的效果明显会好于大学阶段，同时，大学生由于学习、就业等问题疏于锻炼，所以，阻力带训练对速度素质的改善效果不明显，但长期坚持训练，在小幅度提升后仍有保持现有能力的可能。

二、阻力带训练法对耐力素质的影响的讨论

相关的研究文献表明，在代表耐力素质的三分钟跳绳项目中，通过对

分组学生的数据进行测验，可以发现：两组学生在耐力素质上存在显著差异，即通过身体功能训练的学生，在耐力素质上得到了有效加强。

本研究中，对实验后的两组学生进行独立样本 T 检验，发现 $P<0.05$，说明两组学生在 800 米成绩上存在明显差别，即通过阻力带训练后的学生耐力素质明显更强。研究探索导致耐力素质提高的原因，可能是运动过程中肌肉能量传输效率发生变化，机体更多能量被有效利用，神经系统对肌肉的控制能力加强等。训练动作的设计遵循动力链能量传递过程，在减少能量损耗的情况下，有效提升能量输出功率。阻力带训练通过对机能的促进和保持，从而达到提升耐力素质的目的。

三、阻力带训练法对灵敏素质的影响的讨论

有关研究表明，运动员通过训练，在场地上的左右及前后移动能力会发生改变。并对相关数据进行分析，可以发现通过训练后的两组学生在灵敏能力上具有显著差异。

本研究中，对实验后的两组学生经过独立样本 T 检验，发现 $P<0.05$，说明两组学生在 T 形跑运动上存在显著差异，即通过阻力带训练后的学生的灵敏素质得到了明显改善。研究其提高的主要原因可能是：在训练前，就对学生进行了身体功能动作测试，可以提前筛查出学生在灵敏活动能力上存在的问题。在通过一些针对性的纠正练习后，身体各关节在灵活性和稳定性方面能力提高，进而促进运动中动作的幅度发生变化不再受限，肌肉对能量的传递效率增强，从而在运动过程中表现得更加灵敏。同时，重视下肢踝、膝关节力量的增强，也在一定程度上对灵敏素质的改善有帮助。

四、阻力带训练法对柔韧素质的影响的讨论

坐位体前屈是一项考查学生身体伸展性、弹性、柔韧性的体育项目。在类似研究中，通过对实验后的两组学生坐位体前屈成绩进行独立样本 T 检验，可发现两组学生在柔韧素质上不存在显著差异。实验后，对实验组和对照组学生的坐位体前屈成绩进行对比，发现实验组学生成绩的

提高幅度比对照组明显，表明阻力带练习对小学生柔韧能力的增强有一定效果。

本研究中，对实验后的两组学生进行独立样本 T 检验，发现 P>0.05，表明在坐位体前屈测试中，实验组和对照组学生不存在显著差异，即通过阻力带练习后的学生的柔韧素质变化不明显，但是与经过传统训练的学生相比，还是有一定范围的提高。分析其原因，认为柔韧性的表达与先天能力有关，像中小学生的柔韧能力就比大学生强，仅想通过后天一段时间的训练改善柔韧素质，其效果微乎其微。同时，由于年龄的增长，人体机能开始逐渐退化，柔韧素质会慢慢降低，进入大学阶段后柔韧素质明显降低。但是阻力带训练通过身体拉伸、动态热身环节和下肢训练环节，可以小幅度提升身体的柔韧性。

五、阻力带训练法对爆发力素质的影响的讨论

从以往的研究中，可以发现运动爆发力的表现与肌肉力量存在正相关，在一定范围内肌力表达出的力量越强，运动时的爆发力越大。还有研究表明肌肉力量的大小与肌肉的横截面积存在一定关系，即肌肉横截面积越大，肌肉力量越大。但是，当肌肉横截面积达到一定程度后，肌肉的传递速率就会随着肌肉维度的增加而降低。虽然身体在大负荷训练下，一开始的爆发力能力增强，但当训练水平达到一定限度时，随着训练强度的加大，爆发力的表现效果会下降。

本研究中，对实验后的两组学生进行独立样本 T 检验，发现 P<0.05，表明在纵跳摸高测试中，实验组和对照组学生具有显著差别，即通过阻力带训练后的学生，在爆发力素质方面发生了明显变化。促使爆发力素质增强的原因：动力链是通过中枢神经系统下达指令，调动多个关节和肌肉共同协调配合，运动时完成指定动作流程的能量传递过程。动力链的能量传递过程强调重视动作的整体性，它是通过多个关节和肌肉的整体协调配合完成的。阻力带训练强调在练习过程中重视动力链的训练，从而促进力量增强。能够促进力量增强的因素包括减少能量损耗和提高能量的传递效率。

相比之下，传统的体能训练则强调对局部进行练习后，进而促进整体机能的提高。而在这一训练过程中，因为身体常存在不对称或不稳定情况，导致身体出现代偿性动作，在多浪费肌体能量的同时，对动作表达的流畅程度造成影响。本研究在制订训练计划时，通过设计单脚、阻力带、瑞士球等多种练习动作，让学生整体处在一个不稳定的情境下进行训练，促使学生爆发力素质得到改善。实验中，学生通过参与核心稳定性、上下肢训练等环节，促进爆发力的显著改善。

第三节　阻力带训练法对身体成分的影响的讨论

一、阻力带训练法对身体质量指数(BMI)的影响的讨论

本研究中，实验后对两组学生相关数据进行独立 T 检验，发现身体质量指数值 $P<0.05$，表明身体质量指数(BMI)指标在两组学生中存在显著性差异，推断出经过阻带训练后的实验组学生的身体质量指数得到了显著的变化。根据公式 $BMI=$体重$(kg)/$身高$(m)^2$，可知身体质量指数主要受身高和体重影响，身高在后天基本不会变动，而随着体重的变化，身体质量指数改变。阻力带训练通过各项训练环节，可以改变身体质量指数。

二、阻力带训练法对体脂百分比的影响的讨论

本研究中，实验后对两组学生相关数据进行独立 T 检验，发现体脂百分比值 $P<0.05$，表明体脂百分比指标在两组学生中存在显著性差异，推断出经过阻力带训练后两组学生的体脂百分比指标存在显著性差异。$PBF=$[体脂肪$(kg)/$体重(kg)]$\times100\%$，体脂百分比与体脂肪和体重有关，而在阻力带训练中，通过各项训练对体脂肪和体重产生影响，体脂百分比也会产生显著变化。

三、阻力带训练法对腰臀比的影响的讨论

本研究中，实验后对两组学生相关数据进行独立 T 检验，发现腰臀比值 $P>0.05$，表明腰臀比指标在两组学生中不存在显著性差异，表明阻力带

训练对腰臀比影响程度不大。究其原因是：腰臀比 WHR＝腰围(cm)/臀围(cm)，腰臀比主要受到腰围和臀围的影响，随着年龄的增长，减少运动后，腰围和臀围会慢慢变化，腰臀比明显上升，但是阻力带训练通过各项训练环节，可以维持身体的腰臀比或使之小幅度降低。

第五章　结论与建议

第一节　结论

一、将动作模式筛查手段融合进体能训练课中，可以发现在经过 13 周的练习后，专项学生的整体动作模式具有明显效果，验证了阻力带训练法可以改善专项学生体能的结论。

二、在体能训练中对动作模式的合理利用，不仅对身体素质有改善效果，还能降低运动损伤的风险，对身体健康发育和良好体育锻炼习惯的养成具有积极意义，也对学生终身体育思想的形成与加固有促进作用。

三、在专项学生的体能训练课中融入阻力带训练，对老师在课程结构的安排、教学方式的修改以及体能训练思想的转变等方面具有一定积极意义。

第二节　建议

一、可将阻力带体能训练方法引入到其他运动项目的素质训练课中，但要注意结合不同运动项目的特点。在训练内容的设计上，要结合项目特点和训练对象自身的特点，避免训练模式的全部照搬。

二、功能性动作筛查的数据分析结果直观明了，可以后续以学期为单位进行定期测试，结合各种项目和器材，从而建立更加完善的体能训练方法，减少运动损伤，为养成良好运动习惯提供参考。

三、在后期的体能训练中，可以将阻力带训练与传统训练有机结合，这样不仅可以为阻力带体能训练提供更多的实施方法，还可以对传统体能训练的不足之处进行改善。

参考文献

[1]国家体育总局训练中心编.体能训练理论与实践研究[M].北京体育大学出版社,2009.

[2]付佳.体能训练在运动训练中的作用[J].当代体育科技,2019,9(10):46+48.

[3]高炳宏.我国现代体能训练的现状、问题与发展路径[J].体育学研究,2019,2(2):73-81.

[4]王贝贝,向俊.身体功能性训练的涵义、特点及其在提高青少年体质健康中的应用[J].体育教育,2014,1(81):80+25.

[5]王永玲.体育教学中体能训练方法探析[J].成才之路,2019(20):97.

[6]章志为.功能性训练对中学生身体素质影响效果的提高研究[J].田径,2019(8):41+44.

[7]王成.高校田径训练中体能训练的要点分析[J].田径,2019(6):18-19.

[8]赵佳.我国高水平网球运动员力量训练理论与实践[D].北京体育大学,2009.

[9]李祥.高校田径项目教学与训练中体能训练存在的问题与对策[J].国际公关,2019(7):99.

[10]史冰.核心及功能性力量训练的概念释义与机制探究[J].安阳工学院学报,2014,13(4):99-102.

[11]刘爱杰,李少丹.我国运动训练方法创新的思考[J].中国体育教练员,2007(3):4-7.

[12]袁守龙.北京奥运会周期训练理论与实践创新趋势[J].体育科研,2011,32(4):5-11.

[13]龙斌.《体能训练》通用教材不同版本的历史溯源及其训练学比较研究[J].山东体育学院学报,2016,32(2):97-102.

[14]母应秀.我国体能训练概念研究述评[J].当代体育科技,2019,9(18):14-15.

[15]李华.橡皮带在田径训练中的运用[J].才智,2011(24):247.

[16]高杰,胡波,李智民,等.超声波、关节松动术联合Thera-Band弹力带主动运动疗法治疗冻结肩的疗效[J].职业与健康,2014,30(19):2843-2846.

[17]孙文新.现代体能训练:弹力带训练方法[M].北京体育大学,2011:11.

[18]刘柳.弹力带训练的基本原理和体能训练基础——评《弹力带组合训练》[J].

当代教育科学，2015(13)：66.

[19]李双成.短跑的助力训练和阻力训练[J].北京体育大学学报，2003(1)：130-131.

[20]龙斌.对现代短跑运动员力量训练的再认识[J].武汉体育学院学报，2003(1)：75-76+79.

[21]商传营，宗广森，袁建民.橡皮带在短跑力量训练中的应用[J].体育教学，2006(1)：63.

[22]寇冠珠.思考与探索远度跳跃项目的力量训练[J].北京体育大学学报，2007(S1)：550.

[23]文建传.田径跳类项群起跳技术特征与专项力量训练[J].广州体育学院学报，2006(4)：70-72.

[24]高虹.弹力带健身操对中小学生力量素质影响的实验研究[J].教育教学论坛，2013(2)：155-156.

[25]赵莉.50-60岁中老年人弹力带力量训练方案的设计与实施[D].北京体育大学，2016.

[26]司维超.弹力带在人体三关节力量训练中的应用研究[D].北京体育大学，2010.

[27]田麦久.运动训练学[M].人民体育出版社，2000.

[28]李建臣，谭正则.弹力带组合训练[M].人民体育出版社，2014.

[29]Mark Vestegen, Petewillwams.Core Performancer The Revolutionary Workout Program to Transform Your Body and Your Life[J].Rodale, Books, 2004.

[30]Vern G, Grey G. Following the functional path(EB/OB).www.gambetta.com.

[31]Frank A.Treiber, Jewell Duncan, etal.Effects of The Raband and Light Weight Dumbbell Training on Shoulder Rotation Torque and Serve Performance in College Tennis Players[J].Sports Medicine, 1998, 26(4)：510-515.

[32]Anderson, Corey E.etal.The Effects of Combining Elastic and Free Weigh Resistance on Strength and Power in Athletes[J].American Journal of Physical Medicine & Rehabilitation, 2007, 86(2)：93-103.

[33]Ghigiarelli, Jamie.The effects of aseven week heavy elastic band and weighted chain program on upper body strength and upper body power in a sample of Division1-A Football Players[J].J Strength Cond Res, 2009, 23(3)：56-64.

［34］Corn, RodneyJ, Knudsen, Duane. Effect of Elastic-Cord Towing on the Kinematics of the Acceleration Phase of Sprinting［J］. The Journal of Strength & Conditioning Research, 2003, 17(1).

［35］孙莉莉. 美国功能动作测试(FMS)概述［J］. 体育科研, 2011, 32(5)：29 -32.

［36］http：//www. functional movement. com/SITE/.

［37］Minick K, Burton L, Kiesel K. (2007). A reliability study of the functional movement screen［J］. Paper presented at the National Strength and Conditioning Conference, Atlanta.

［38］Gray Cook, Lee Burton, Kyle Kiesel, Greg Rose, Milo F. Bryant. Functional Movement Systems：Screening, Assessment, Corrective Strategies［M］. 2010.

［39］Bill Foran. 袁守龙, 刘爱杰译. 高水平竞技体能训练［M］. 北京：北京体育大学出版社, 2006.

［40］Gray Cook. 张英波, 梁林, 赵洪波译. 动作——功能动作训练体系［M］. 北京：北京体育大学出版社, 2011：32-48.

［41］薛曹叶. 功能性动作筛查(FMS)对我省青少年运动员筛查结果分析［C］. 2015 第十届全国体育科学大会论文摘要汇编(二), 2015：453-454.

［42］李慧. 我国功能性动作筛查(FMS)应用现状特征的审视与思考［J］. 体育科技文献通报, 2017, 25(11)：163-164.

［43］徐建武, 刘道满, 赵凡, 等. 功能动作测试(FMS)在优秀运动员损伤风险评估中的应用研究［J］. 中国运动医学杂志, 2014, 33(9)：855-859.

［44］于正鑫, 倪锐. 浅谈大学生开展体能训练的必要性［J］. 文体用品与科技, 2015(14)：195+161.

［45］方永亮. 普通高校大学生身体素质现状分析［J］. 佳木斯教育学院报, 2011 (2)：122.

［46］田学军, 张振孝. 在校大学生课余体育锻炼影响学生身体素质的因素及机制的研究［J］. 职业, 2011(5)：161-162.

［47］金凤延. 体育教学和体能训练原则及内容的理论分析［J］. 亚太教育, 2016 (18)：157.

［48］王东亮, 赵鸿博. 现代大学生体能训练理论与方法指导［M］. 北京：中国书籍出版社, 2013.

［49］魏星. 造成大学生身体素质下降的成因分析及对策研究［J］. 才智, 2010(7)：

187－188.

[50]王葵．高校大学生体能训练的重要性与实施策略研究[J]．人才资源开发，2015(18)：149.

[51](美)托马斯·R．贝西勒(Thomas R. Baechle)，(美)罗杰·W．厄尔(Roger W. Earle)著，任满迎译．抗阻训练从入门到精通[M]．北京：人民邮电出版社，2018.

[52]李健臣，周建梅，谭正则主编．抗阻组合训练[M]．北京：人民体育出版社，2016.

[53]李志锰．弹力带在中学田径训练中的应用研究[J]．田径，2018(8)：8－9.

[54]廖婷，郑伟涛，李丹阳．核心稳定性、功能动作与青少年身体素质表现的相关性研究[J]．成都体育学院学报，2014，40(5)：37－43.

[55]普春旺，杨晨飞，白银龙．基于《国家学生体质健康标准》下的学生体能建设[J]．体育科技文献通报，2017，25(4)：1+19.

[56]William J. Hanney. Improving Muscle Performance of the Deep Flexors[J]. Strength and Conditioning，2007.

[57]Cook G，Burton L，Hoogen boom B. Participation screening：the use of fundamental movements an assessment of function part 1[J]. N Am J Sports PhvTher. 2006，1：62－72.

[58]Gray Cook. 张英波译．动作——功能动作训练体系[M]．北京：北京体育大学出版社，2011.

[59]卢文洲．身体功能训练在体育专业羽毛球专项训练中的应用研究[D]．西华师范大学，2017.

[60]徐慧．FMS在成都体育学院代表队运动员基础身体功能评测中的应用研究[D]．成都体育学院，2018.

[61]邹广楠．功能性体能训练对小学五年级学生运动素质影响的实证研究[D]．河北师范大学，2016.

[62]王宁．身体功能训练对大学生身体素质影响的实验研究[D]．山西师范大学，2016.

[63]刘畅．功能性动作筛查在网球体能训练中的应用研究[D]．北京体育大学，2016.

[64]孙奇．身体功能训练对足球运动员身体素质影响的相关研究[D]．北京体育大学，2016.

[65]王水亮．功能动作筛查(FMS)在学生运动员男子200m跑训练中的实证研究

[D].陕西师范大学，2017.

[66]杨新月.弹力带练习对11-12岁小学生身体素质影响的实验研究[D].首都体育学院，2019.

[67]杨耀勇.身体功能训练对体育专业羽毛球专项学生身体素质的影响研究[D].陕西师范大学，2018.

[68]李金宝.羽毛球专修学生的专项体能训练研究[D].哈尔滨体育学院，2019.

[69]辛宏.弹力带对提高学生坐位体前屈成绩的方法[J].田径，2017(4)：3.

[70]王瑞元，苏全生.运动生理学[M].人民体育出版社，2012.

[71]孙莉莉.功能训练在帆板项目中的实践研究[D].北京体育大学，2016.

附录 2-1　体能测试记录表

姓名	50 米冲刺（秒）	坐位体前屈（厘米）	800 米跑（分钟）	T 形跑（秒）	纵跳摸高（厘米）
实验组					
1					
2					
3					
4					
5					
6					
7					
8					
9					
10					
11					
12					
对照组					
13					
14					
15					
16					
17					
18					
19					
20					
21					
22					
23					
24					

附录 2-2　身体功能动作测试得分表

姓名	过顶深蹲	跨栏上步	直线弓箭步下蹲	肩部灵活性	直膝上抬腿	躯干稳定性俯卧撑	转动稳定性
实验组							
1							
2							
3							
4							
5							
6							
7							
8							
9							
10							
11							
12							
对照组							
13							
14							
15							
16							
17							
18							
19							
20							
21							
22							
23							
24							

第三篇
悬吊训练对大学生体能影响的实验研究

第一章 国内外悬吊训练研究现状

第一节 国内悬吊训练研究现状

悬吊训练在国内的普及和利用率相对较低，只有部分健身场馆和专业体育院校对其有较高利用率，主要是结合专项训练，针对高水平专业运动员进行的。国内学者也对 TRX 悬吊训练进行了许多研究。

边津以北京体育大学技巧啦啦操校代表队的 20 名运动员为研究对象，通过实验对比分析得知，实验组学生在核心能力的提高幅度方面比对照组学生明显，得出采用悬吊训练方法进行训练，能较好地提升技巧啦啦操运动员的核心力量的结论。

朱麒宇选取从未接触过悬吊训练的 30 名健身会员随机分组进行试验，经过 12 周的悬吊训练后，发现在健身会员私教课程中运用悬吊训练是切实可行的，对提高健身会员的平衡能力和核心力量有显著作用。

曹小磊通过对两组实验对象进行对比分析，发现进行悬吊训练的女大学生核心稳定性得到有效提升。

臧卡以健身俱乐部的 60 名私教会员为实验对象进行实验研究，其中实验组的 30 名私教会员进行悬吊训练，对照组的 30 名私教会员进行常规力量训练，通过 4 个月的训练干预后，在健康体适能的各项测试指标中发现悬吊训练对身体成分、肌肉耐力、柔韧性和心肺耐力的提升效果显著（P<0.01）；TRX 悬吊训练对肌力的提升效果不显著（P>0.05）；悬吊训练对健康体适能有较好的促进作用。

马冬根据排名选取各项测试指标居中的 16 名篮球专项班同学，并将其随机分成实验组与对照组。其中对照组学生进行常规的力量训练，实验组学生进行悬吊训练，实验共计 10 周，每周两次的体能训练。试验结束后，通过对数据的对比分析得出：第一，使用悬吊训练可以有效增强篮球专项班学生的核心稳定性；第二，悬吊训练能够有效提高篮球专项班学生的核心爆发力；第三，悬吊训练方法能够较好地改善篮球专项学生的弹跳能力和在不稳定状态下的身体控制能力；第四，在进行弹跳高度绝对值的测试时，实验组和对照组的成绩都没有明显变化，但在实际训练过程中进行测试，实验组的成绩稍微好于对照组，但是均没有统计学意义。

付常喜、李平通过对江苏省 16 名网球运动员进行为期 12 周，每周两次的训练，发现进行悬吊训练的目标组成员的平衡能力、躯干核心稳定性数据测试结果较对照组成员有明显的提高。

涂伟龙将 8 名国家二级水平男子三级跳远运动员随机分为实验组与对照组，应用悬吊训练对实验组受试者进行为期 18 周的悬吊训练，同时对对照组受试者进行常规力量训练。训练前与经过 18 周的训练后，分别对实验组与对照组受试者进行上肢爆发力、下肢爆发力、身体灵敏性、平衡性及专项运动能力的测试。研究显示：第一，实验后三级跳远运动员上、下肢爆发力，身体灵敏性、平衡性及专项成绩均有显著提高；第二，悬吊训练主要对三级跳远运动员灵敏性、平衡能力产生影响，而常规力量训练则更侧重于运动员上、下肢爆发力的提高；第三，悬吊训练较常规力量训练在提升三级跳远运动员上肢爆发力、身体灵敏性、身体平衡性及专项成绩方面更加有效。

满喜、郑松玲、包呼格吉勒图等强调悬吊训练相比常规体能训练有许多优点，它是弥补常规力量训练中核心力量发展不充分而进行的比较健全的、系统的训练手段，它具有常规力量训练的共性，也有其在核心训练和运动康复方面的个性。他们在研究中还指出，脚斗士运动员运用悬吊训练方法进行核心力量的训练有助于提高脚斗士运动员的神经肌肉控制能力和平衡能力，增强核心肌肉力量，进一步提高脚斗士运动员的实战战术能力。因此，将悬吊训练对脚斗士运动员体能的促进作用进行推广和普及具有重要的现实意义。

魏永敬、赵焕彬等选择悬吊训练进行实验测试，研究显示：进行悬吊训练时选择的角度不同，运动员所承受的运动强度就不一样，对机体力量的要求也因机体体重差异有所不同，但是在运用悬吊训练方法进行训练时，对于参与工作的肌肉量有很高的要求，并且增强中枢神经系统对参与工作的肌肉群的支配能力，进一步促使整个机体的各个器官和肌肉组织积极参与到悬吊训练中来。

谢峰、王晓楠通过实验对比研究得出：悬吊训练是对核心力量进行训练的一种有针对性的训练方法和手段，目的在于增强身体核心控制能力和平衡能力，是在非稳定状态下进行训练的一种设计思路，是针对运动员的核心素养进行的有效训练方式。

陈翀、孙文新通过研究指出，悬吊训练法可以切实有效地增强足球运动员的中枢神经系统对肌肉的协调控制能力，尤其在非稳定状态下进行悬吊训练能够明显提升足球运动员在赛场上快速移动和传球、头顶球的控制能力。

李建臣等人以跳水运动员为研究对象，在对实验组采取悬吊训练方法训练的结果进行分析后得出：悬吊训练不但可以增强运动员的运动素质，而且可以进一步提高肌肉间的协调能力，增强平衡能力，对技能主导类表现难度高项目的核心力量训练起到较好的改善作用。

张蓓在对赛艇运动员进行悬吊训练之后，得出结论：赛艇运动员左右侧核心力量以及核心稳定性均有明显的提升。她建议在组织赛艇运动员进行力量训练时，将常规训练方法与悬吊训练方法有机结合起来，不仅可以增强单个肌肉力量，更能有效地增进肌肉之间的协同配合能力，确保核心力量训练取得良好的效果。

乔柱、袁伟以 30 名田径运动员为研究对象，通过 12 周的悬吊训练后，发现田径运动员的动态平衡能力和静态平衡能力均有所提高，充分验证悬吊训练可以在田径运动员平衡能力的训练中加以实施和推广。

赵文革、梁轶伟采用悬吊训练方法对排球运动员进行实验性研究，通过 14 周的悬吊训练发现：采用悬吊训练方法的运动员挥臂能力较采用常规体能训练的运动员的挥臂能力有明显的改善。

王志军、周正荣、陆青选择江苏省 15—17 岁年龄组游泳运动员为实验对象，根据不同运动员的运动水平、性别和游泳姿势进行编组划分，将实验对象平均分为两组，进行为期 12 周的悬吊训练后，对两组实验对象进行对比分析发现，实验组的测试指标较对照组有显著的提升，说明悬吊训练对游泳运动员专项成绩的提高具有促进作用。

卢玮、矫玮指出，将悬吊训练方法应用到对慢性腰痛患者的康复治疗中，通过观察慢性腰痛患者静态平衡能力的变化，验证悬吊训练方法在针对慢性腰痛患者运动康复治疗中的积极作用，可为腰痛患者的康复治疗提供一定的帮助。

高翠平、王朝格采用专家访谈法、教学实验法和数理统计法对引体向上两种不同教学方法进行比较研究，得出 TRX 悬吊训练对于提高引体向上成绩的教学效果明显，说明 TRX 悬吊训练能够较好地提升机体上肢力量，并对基础力量的提高具有加成作用。

杨合适、李建臣、师玉涛采用悬吊训练对 11 名跳水运动员进行 3 个月的体能训练，结果表明：悬吊训练对跳水运动员增加体能有一定的帮助，并且能对跳水运动员肌肉之间的协调性起到很好的改善作用，进一步提高和改善跳水运动员的平衡能力和稳定能力。

杨博文在研究中提到，由于悬吊训练方法在消防官兵体能训练的引用能够和消防官兵执行消防救护任务训练相互补充，因此可以在消防战士进行体能训练时结合悬吊训练方法，从而取得事半功倍的训练效果，充分提升基层消防官兵的体能状况，为适应新时期消防官兵在各种复杂环境下进行消防救援打下良好的体能基础。

综上所述，国内学者对悬吊训练在核心力量训练、专项体能训练和健身功能方面均有较全面的研究，并且绝大多数都是针对专业运动员的研究，但是对悬吊训练在基础体能方面的研究寥寥无几，尤其是针对普通大学生的基础体能研究几乎没有。现如今，大学生体能持续下降的事实引起了国家、社会的关注，政府和学校都在试图探索积极有效的训练方式来提升大学生的体能，例如：健康体育课程模式的提出；加大对各类院校体育设施以及场馆的建设；构建良好的体育氛围，培养学生健康的体育观等。在这些大前提、大需求下，本研究通过在普通高校大学生体能训练中引入悬吊训练方法，通过实验对比验证悬吊训练相比常规体能训练是否对普通高校大学生的基础体能有更好的促进作用。期望悬吊训练在促进大学生体能变化过程中有锦上添花的作用，进一步改善和提高大学生的体能现状。

第二节　国外悬吊训练研究现状

Sandra Bassot 教授是意大利知名度极高的人物，在体育学科研究方面很有权威。在运动员进行力量训练的实践中，他把常规训练方法与悬吊训练方法有机结合起来，在实践中取得非常好的训练效果。实践表明，运动员们在这种方式下进行训练能够更好地增强对身体的控制能力。换言之，这种方式可以增强身体控制能力，尤其对表现难美类项目的动作起到锦上添花的作用。

David 是一位体能培训师，他认为悬吊训练能够使运动员对自身的身体控制能力做进一步的改善，尤其是在竞技项目中表现最为明显。

Seiler S 把悬吊训练方法应运在高尔夫球的训练中，结果显示：悬吊训练能快速提高运动员在高尔夫球赛场上挥拍的速度，最高球速也能够提升3.8%。但是从排球运动员角度来看，应用悬吊训练方法进行体能训练时，作用不明显。

Hodges PW 和 Richardson CA 两人的观点是，在排球运动训练过程中，悬吊训练这种方法在平时的专项素质训练中使用频率并不高，究其原因是教练员对悬吊训练的训练原理和机制还没有更加深入的理解和认识。

Gulmez，Irfanz 以体育教育和体育大学两个专业的大学生为研究对象，研究目的是确定和比较悬吊训练和地面反作用力在四个不同的角度(0°、15°、30°、45°)进行悬吊训练的俯卧撑练习时的受力变化，通过电子受力传感器接收平台记录下受力数据。结果表明：随着悬吊训练的角度减小，同时作用在测力平台下降，反之亦然。

GyeYepok 教授通过对篮球运动员进行为期 9 周的悬挂训练后，得出结论：悬吊训练可以有效改善核心肌群的协调性和稳定性。

综上所述，国外学生对悬吊训练的应用与研究也多体现在研究悬吊训练方法的生物力学原理和在体能与专项技能方面。结合文献发现，悬吊训练对机体核心力量和核心稳定性具有较好的提升效果。本研究主要通过 12

周的悬吊训练对普通大学生的体能进行干预，对比分析悬吊训练对普通大学生体能变化的影响，为更好地提升普通大学生的体能提供更为丰富的训练方法和实践依据。

第二章　实验概况

第一节　研究对象与方法

一、研究对象

本研究以悬吊训练对普通高校大学生体能影响为研究对象，以陕西师范大学公共体育两个体能选修班的学生为教学实验对象和调查对象。在实验过程中，将 40 名实验者随机分配到实验组和对照组中去，每组各 20 人（10 名男生、10 名女生）。其中，利用悬吊训练方法对实验组的 20 名大学生进行干预，利用常规训练方法对对照组的 20 名大学生进行干预，并且使对照组和实验组的学生保持相似的学习生活节奏，确保实验对象没有病理性和运动性损伤疾病。在实验开始前，通过详细阐述，让受试群体深入了解这次实验的目的，让他们熟知实验的流程和在实验过程中潜在的运动损伤，提醒他们在实验训练过程中严格按照实验设计进行训练等。

二、技术路线

本研究的技术路线见图 3-1。

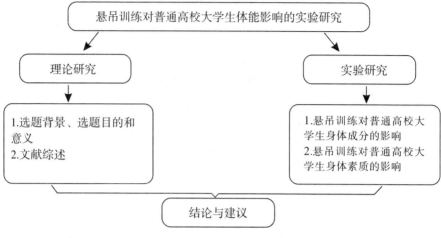

图 3-1　本研究的技术路线

三、研究方法

(一) 文献综述法

为保证本研究顺利完成，首先通过陕西师范大学图书馆借阅与悬吊训练有关的书籍，并在中国知网、万方等数据库以"悬吊训练""体能"等为关键词检索与本研究相关的硕博论文、期刊文献等，在此基础上进行了整理和分类，就当前阶段悬吊训练的研究成果和与此相关的研究方法，以求为实验的开展、论文的写作找寻充分的理论依据。

(二) 数理统计法

运用 SPSS23.0 统计软件，对受试大学生体能训练数据进行初步的处理与分析，得到其平均值与标准差，组间比较采用独立样本 T 检验、组内比较采用配对 T 检验，以"P>0.05 代表不存在显著性差异，P<0.05 代表存在显著性差异和 P<0.01 代表存在极其显著性差异"对所测数据进行对比，分析其变化原因，为文章的撰写提供数据支撑。

(三) 逻辑分析法

通过对悬吊训练和核心稳定性相关理论进行总结、归纳和演绎等逻辑分析，对悬吊训练对体能变化的影响进行分析、比较，得出相应的研究结论。

(四)实验法

本次研究采用了组间对比法来开展,对实验组采取悬吊训练方法训练,而在对照组中,开展了常规的体能训练,本次实验周期确定为 12 周。在实验过程中对受试者进行观察,对实验数据进行记录。实验前、后期的有关指标,笔者亦逐一测评并对数据进行记录,这也是本次实验所有相关数据的来源。

1. 实验时间和地点

实验时间为 2019 年 9 月至 2019 年 12 月,根据课程安排进行 12 周的体能训练课(不包含测试),每周安排一节课,课时为 1.5 小时。

实验地点为陕西师范大学室外篮球场和体育学院体能测试实验室。

2. 实验器材与任课教师

测试工具:卷尺、卧推架、深蹲架、体操垫、秒表、坐位体前屈测试器。

训练工具:悬吊训练带、体操垫、秒表、哨子等。

3. 实验测试指标的选取

各项测试指标的选取如下:

(1)身体成分测试(身体成分测试仪)

(2)肌肉力量测试(1RM 深蹲、1RM 卧推)

(3)速度测试(50 米)

(4)肌肉耐力测试(男:1 分钟俯卧撑;女:1 分钟仰卧起坐)

(5)柔韧性测试(坐位体前屈)

(6)稳定性测试(单腿闭眼站立)

(7)灵敏性测试(六角跳)

(8)爆发力测试(原地纵跳摸高)

第二节　实验测试仪器和测试方法

一、身体成分指标测试仪器和测试方法

测试指标:身体质量指数 BMI(kg/m^2)、体重 W(kg)、体脂肪 BFM

(kg)、体脂百分数 PBF(%)、骨骼肌 SMM(kg)等身体成分指标。

测试仪器：生物电阻抗人体体成分测试分析仪，型号为 InBODY 720。

测试方法：要求受试者空腹，尽可能减轻着装，脱掉鞋袜，摘掉耳环、项链、手表、手链、手镯、戒指等所有可能会对测试造成影响的金属物品进行测试；测试前不要做剧烈活动；用酒精对测试仪器进行消毒后，叮嘱被测学生站在测试仪器上，双脚开立，按照测试规定双脚踩在电极上，双手握住手电极，双臂自然下垂，测试过程中均匀呼吸，保持安静，等测试结果显示出来后，再缓慢离开测试台。

二、肌肉力量测试仪器和测试方法

(一)深蹲测试仪器和测试方法

测试仪器：史密斯架。

测试方法：受试者充分做完热身活动后开始测试。受试者双手略宽于肩，正握闭握杠铃。杠铃应放置在三角肌后束上面。受试者站立时双脚略宽于肩，脚尖向外微微打开。在测试下降过程中，最低点是大腿平行于地面，然后在没有助力的情况下将杠铃持续蹲起。为了安全，最少有 2 名保护者跟随杠铃上下移动。

(二)RM 卧推测试仪器和测试方法

测试仪器：史密斯架。

测试方法：受试者面向杠铃平躺于卧推凳上，头部、肩部、臀部与卧推凳接触，双脚接触地面(5 点接触)。正握闭握杠铃，双手略宽于肩。每次动作重复都将始于开始位置(受试者肘关节处于伸展状态)，下降时，杠铃需无限靠近胸部但不触及，与乳头线水平，然后推举杠铃至开始位置。测试过程中，受试者需要保证良好的 5 点接触。另外出于安全考虑，需要 1 名保护人员站在靠近受试者头部的位置，正反虚握杠铃，并确保在上升和下降的过程中，本人不会触碰杠铃。

(三)速度测试仪器和测试方法

测试仪器：皮尺、秒表。

测试方法：受试者采用蹲踞式起跑姿势位于起跑线后，当听到发令人员最后发出"跑"的口令后，迅速蹬地加速向前跑，测试人员站在 50 米终点线处，用秒表记录被测试人员身体某一部分越线时刻的成绩，计时的单位精确到小数点后两位。

(四)肌肉耐力测试仪器和测试方法

1. 1 分钟俯卧撑测试仪器和测试方法

测试仪器：体操垫、秒表。

测试方法：受试者五指张开，双手撑地略宽于肩，双手的位置位于乳头正下方(不是肩的正下方)，身体成平板状向下至大臂与小臂呈 90°，大臂与躯干的夹角为 45°，全程保持挺胸，收紧核心与臀部，下降然后还原动作。记录 1 分钟完成的次数。

2. 1 分钟仰卧起坐测试仪器和测试方法

测试仪器：体操垫、秒表。

测试方法：受试者仰卧于垫面，两腿微微屈膝；两脚稍微打开，与髋同宽；屈肘将双手轻轻搭于耳后；呼气，慢慢向上蜷曲，让头部及肩膀离地；吸气，慢慢将身体还原至起始姿势。

(五)柔韧性测试仪器和测试方法

测试仪器：坐位体前屈测试仪。

测试方法：把测试仪器平稳放在体操垫上，用尺进行校正，参加测试的人做好热身活动，防止拉伤。测试者坐在瑜伽垫上，两腿并拢，膝关节保持伸直状态，脚尖向上，双脚蹬在垂直平板上，双手手指伸直并拢，使身体前屈，用中指推动机器上的游标卡尺向前移动，期间膝盖始终保持伸直状态，直到身体到最大承受限度为止，考核人员读数录入成绩。

(六)稳定性测试仪器和测试方法

测试仪器：体操垫、秒表。

测试方法：测试时受试者双脚直立于体操垫上，当听到开始的口令时，立即进行单脚站立，并闭眼，头向后倾斜，双臂外展 90°，另一脚屈膝，脚离开地面。记录单脚站立所坚持的时间。以秒为单位，测试三次，取最好成绩。注意事项：如果支撑腿移动或屈膝或另一条腿的脚面触及支撑面，停止计时，算作测试结束。

(七)灵敏性测试仪器和测试方法

测试仪器：等边六边形、秒表、皮尺。

测试方法：受试者站在边长为61厘米的六角形的中点，采用高姿站立的方式，面向前采用双脚跳的方式跳出六角形的一条边，再跳回中点。受试者沿同一个方向逐个边跳跃，连续跳3圈。提示：跳跃时不能踩在边线上或失去平衡，如果出现上述问题，则应停止并重跳。在受试者开始第一个动作后计时，在受试者最后一跳回到中点时停止计时。

(八)爆发力测试仪器和测试方法

测试仪器：原地跳高测试仪。

测试方法：受试者站立在测试板旁，将环扣系于腰间，调整绳带的长度并将刻度尺置零，之后要求受试者双腿半蹲呈起跳姿势，当听到"开始"口令后，用力向正上方跳起，考核人员记录起跳成绩。

第三节 训练安排与实验控制

一、训练安排

在本研究中，每周的周三，实验组与对照组同时进行体能训练，分适应性训练阶段、强化训练阶段和巩固训练阶段三个阶段，实验组采用悬吊训练计划内容进行体能训练，对照组采用常规的体能训练计划内容进行训练。实验组和对照组的训练阶段划分如表3-1。

表3-1 训练阶段划分表

训练阶段划分	训练周数	训练时间	训练时长
适应性训练阶段	第2周到第5周	周三	45min
强化训练阶段	第6周到第9周	周三	45min
巩固训练阶段	第10周到第13周	周三	45min

实验为期12周，每周1次训练课，共12次训练课。

对照组按照正常的学校体育课模式进行常规体能训练，实验组采用悬吊训练方式进行训练，根据实验对象的体能情况，在其可承受的强度范围内根据训练阶段的不同逐渐增加负荷强度，刺激其生理适应能力，从而起到增强实验对象的体能和运动能力的作用。

对照组训练课程安排：对照组体能训练计划将 12 周分为 3 个周期，4周为一个周期，分别为适应性训练阶段、强化训练阶段和巩固训练阶段。针对实验对象的肌肉力量、速度、肌肉耐力、柔韧性、稳定性、灵敏性和爆发力 7 大素质进行训练，在每一个周期内进行重复训练，训练强度随训练周期逐渐增加，课程具体安排如表 3-2 所示。

表 3-2　对照组训练计划安排

训练阶段	周次	课次	内容	强度	备注
适应性训练阶段	第2~5周	周三	1. 男:俯卧撑 女:跪卧撑 2. 侧支撑 3. 10 米×10 米往返跑 4. 单腿交换跳 5. 鸭子步 6. 前后跳	1. 3 组, 30 秒/组, 间歇 30 秒 2. 3 组, 30~45 秒/组, 间歇 30 秒 3. 3 组, 间歇 30 秒 4. 3 组, 20~30 次/组, 间歇 30 秒 5. 3 组, 50 米/组, 间歇 30 秒 6. 3 组, 40~60 次/组, 间歇 30 秒	男女生因身体力量素质不同会存在较大的个体差异,实验过程中特殊个体应区别对待
强化训练阶段	第6~9周	周三	1. 仰卧起坐 2. 仰卧卷腹 3. 收腹跳 4. 蛙跳 5. 波比跳 6. 原地纵跳	1. 3 组, 15~30 次/组, 间歇 30 秒 2. 3 组, 10~20 次/组, 间歇 30 秒 3. 3 组, 8~12 次/组, 间歇 30 秒 4. 3 组, 50 米/组, 间歇 30 秒 5. 3 组, 8~12 次/组, 间歇 30 秒 6. 3 组, 20~30 次/组, 间歇 30 秒	1. 男女生因身体力量素质不同会存在较大的个体差异,实验过程中特殊个体应区别对待 2. 动作尽量标准,臀部不可抬得过高 3. 负荷无要求,心率控制在 130~140 次/分 4. 心率变频控制在不高于 160 次/分,不低于 120 次/分
巩固训练阶段	第10~13周	周三	1. 平板支撑 2. 引体向上 3. 一分钟跳绳 4. 高抬腿 5. 推人爬行 6. 左右跳	1. 3 组, 30~45 秒/组, 组间休息 30 秒 2. 3 组, 5~8 次/组, 组间休息 30 秒 3. 3 组, 每组间歇 30 秒 4. 3 组, 30~40 秒/组, 间歇 30 秒 5. 3 组, 30 米/组, 间歇 30 秒 6. 3 组, 40~60 次/组, 间歇 30 秒	男女生因身体力量素质不同会存在较大的个体差异,实验过程中特殊个体应区别对待

实验组训练课程安排：实验组体能训练计划将 12 周分为 3 个周期，4 周为一周期，分别为适应性训练阶段、强化训练阶段和巩固训练阶段。针对悬吊训练方法的特点及其对实验对象的肌肉力量、速度、肌肉耐力、柔韧性、稳定性、灵敏性和爆发力 7 大素质进行改善的目的进行课程编排，运用悬吊训练的特点对实验对象进行实验干预。与对照组相同，实验组同样采用周期性的训练，训练强度随周期逐渐增加，具体安排如表 3-3 所示。

表 3-3　实验组训练计划安排

训练阶段	周次	课次	内容	强度	备注
适应性训练阶段	第 2~5 周	周三	1. TRX 站立俯卧撑 2. TRX 胸部飞鸟 3. TRX 单腿罗马尼亚硬拉 4. TRX 反向弓步与提膝 5. TRX 臀桥 6. TRX 站姿平板	1.3 组,10~15 次/组,间歇 30 秒 2.3 组,10~15 次/组,间歇 30 秒 3.3 组,8~12 次/组,间歇 30 秒 4.3 组,8~12 次/组,间歇 30 秒 5.3 组,10~15 次/组,间歇 30 秒 6.3 组,30~60 秒/组,间歇 30 秒	注重个体差异性，区别对待，由于悬吊训练是在不稳定状态下进行的体能训练，需特别注意负荷的渐进性，防止肌肉拉伤
强化训练阶段	第 6~9 周	周三	1. TRX 站姿过顶三头肌伸展 2. TRX 三角肌后束划船 3. TRX 独立蹲 4. TRX 悬吊反向弓步 5. TRX 肘部平板支撑 6. TRX 反向卷腹	1.3 组,10~15 次/组,间歇 30 秒 2.3 组,10~15 次/组,间歇 30 秒 3.3 组,10~15 次/组,间歇 30 秒 4.3 组,8~10 次/组,间歇 30 秒 5.3 组,30~60 秒/组,间歇 30 秒 6.3 组,15~20 次/组,间歇 30 秒	每一个动作都要在教练员的指导和保护下进行，每一组的动作尽可能做到力竭，这样在多次重复训练中，才能更好地提升体能
巩固训练阶段	第 10~13 周	周三	1. TRX 低位划船 2. TRX 反向二头肌弯举 3. TRX 数字"4"式伸展 4. TRX 蹲跳 5. TRX 自行车卷腹 6. TRX 站姿俄罗斯转体	1.3 组,8~12 次/组,间歇 30 秒 2.3 组,8~12 次/组,间歇 30 秒 3.3 组,10~15 次/组,间歇 30 秒 4.3 组,20~30 次/组,间歇 30 秒 5.3 组,20~30 次/组,间歇 30 秒 6.3 组,30~40 次/组,间歇 30 秒	尽可能保证每一个动作的规范到位，注意在训练过程中，保持躯干挺直，不能含胸驼背。任何动作都要注意全身协调用力

二、实验控制

为了确保本实验真实有效，本次实验所选择的实验对象为陕西师范大学大二某工体体育选修班的同学，通过调查发现所选取的实验对象身体锻炼的主要形式除了平时学校安排的体育课外，再无其他专业的体能训练经历，在整个 12 周的训练周期中，受试者不能参与任何实验外的体能训练活动，以防实验数据出现不必要的偏差。在整个测试过程中，必须保证测试标准统一，确保所测数据的真实可靠性。

第三章 结果与分析

第一节 实验前两组学生身体成分测试结果对比分析

一、实验前两组男生身体成分测试结果对比分析

表3-4 实验前两组男生身体成分测试数据对比表

测试项目	测量指标	对照组	实验组	P 值
身体成分	体重	76.21±8.92	76.69±14.12	0.930
	骨骼肌	31.20±2.76	32.38±3.75	0.430
	体脂肪	20.63±8.84	19.25±10.32	0.750
	身体质量指数	24.22±4.02	24..50±4.53	0.890
	体脂百分比	24.28±7.70	23.20±8.76	0.770
	腰臀比	0.89±0.04	0.88±0.07	0.820
	基础代谢	1674.00±82.26	1635.20±140.60	0.460

从表3-4的数据结果来看：对实验前对照组男生的身体成分与实验组男生的身体成分进行独立样本 T 检验，结果显示实验前对照组男生的腰臀比、体重、骨骼肌、体脂肪、身体质量指数、体脂百分比和基础代谢与实验组男生不存在显著性差异（P>0.05）。说明两组学生在训练前的身体素质处于同一水平。

二、实验前两组女生身体成分测试结果对比分析

表 3-5　实验前两组女生身体成分测试数据对比表

测试项目	测量指标	对照组	实验组	P 值
身体成分	体重	57.62±3.91	57.99±7.10	0.880
	骨骼肌	27.89±1.70	22.88±2.65	0.330
	体脂肪	17.56±3.34	15.93±3.32	0.290
	身体质量指数	21.54±1.27	20.92±2.41	0.480
	体脂百分比	29.67±4.89	27.27±3.06	0.200
	腰臀比	0.86±0.04	0.84±0.04	0.460
	基础代谢	1220.20±60.25	1278.40±92.87	0.110

从表 3-5 的数据结果来看：对实验前对照组女生的身体成分与实验组女生的身体成分进行独立样本 T 检验，结果显示实验前对照组女生的体重、骨骼肌、体脂肪、身体质量指数、体脂百分比、腰臂化和基础代谢与实验组女生不存在显著性差异（P>0.05）。说明两组学生在训练前的身体素质处于同一水平。

三、实验前两组学生身体素质测试结果对比分析

(一)实验前两组男生身体素质测试结果对比分析

表 3-6　实验前两组男生身体素质测试数据对比表

测试项目	测量指标	对照组	实验组	P 值
肌肉力量	1RM 深蹲	50.00±6.24	51.50±7.09	0.620
	1RM 卧推	36.50±5.30	34.00±6.15	0.340
速度	50 米	7.59±0.36	7.47±0.34	0.430
肌肉耐力	1 分钟俯卧撑	35.90±8.93	33.90±11.79	0.670
柔韧性	坐位体前屈	15.10±7.45	13.10±6.59	0.530
稳定性	单腿闭眼站立	16.00±11.60	17.00±11.40	0.830
灵敏性	六角跳	18.90±2.33	19.00±1.70	0.910
爆发力	原地纵跳摸高	42.10±5017	41.50±5.38	0.800

从表 3-6 所测得的数据可以看出，对实验前对照组男生和实验组男生的相关测试数据进行独立样本 T 检验，结果显示实验前对照组男生肌肉力量、速度、肌肉耐力、柔韧性、稳定性、灵敏性和爆发力方面均不存在显著性差异（P>0.05）。说明实验前两组男生的身体素质处于同一水平。

(二)实验前两组女生身体素质测试结果对比分析

表 3-7　实验前两组女生身体素质测试数据对比表

测试项目	测量指标	对照组	实验组	P 值
肌肉力量	1RM 深蹲	30.50±4.38	32.00±4.22	0.450
	1RM 卧推	15.50±2.84	16.50±3.37	0.480
速度	50 米	9.07±0.63	9.49±0.71	0.198
肌肉耐力	1 分钟仰卧起坐	31.10±6.19	33.70±8.90	0.460
柔韧性	坐位体前屈	17.00±4.59	18.60±5.10	0.470
稳定性	单腿闭眼站立	19.00±15.63	24.00±16.40	0.490
灵敏性	六角跳	18.70±1.77	19.20±1.99	0.560
爆发力	原地纵跳摸高	26.30±5.01	26.90±3.57	0.760

从表3-7所测得的数据可以看出，对实验前对照组女生和实验组女生的相关测试数据进行独立样本T检验，结果显示实验前两组女生在肌肉力量、速度、肌肉耐力、柔韧性、稳定性、灵敏性和爆发力方面均不存在显著性差异（P>0.05），说明实验前两组女生的身体素质处于同一水平。

第二节　实验后两组学生身体成分测试结果对比分析

一、实验后两组男生身体成分测试结果对比分析

表3-8　实验后两组男生身体成分测试数据对比表

测试项目	测量指标	对照组	实验组	P 值
身体成分	体重	74.98±8.51	73.90±11.47	0.810
	骨骼肌	30.89±3.02	32.15±4.09	0.440
	体脂肪	20.11±8.65	18.14±9.40	0.630
	身体质量指数	24.30±3.91	24.63±4.49	0.860
	体脂百分比	24.21±7.62	23.13±8.59	0.770
	腰臀比	0.88±0.04	0.85±0.05	0.042
	基础代谢	1659.90±73.99	1627.30±126.07	0.490

从表3-8的数据来看：对两组男生实验后的身体成分相关测试数据进行独立样本T检验，结果显示实验后两组男生的腰臀比存在显著性差异（P<0.05），两组男生的体重、骨骼肌、体脂肪、身体质量指数、体脂百分比和基础代谢不存在显著性差异（P>0.05）。说明12周的不同体能训练对男大学生的腰臀比变化有不同影响。

二、实验后两组女生身体成分测试结果对比分析

表 3-9　实验后两组女生身体成分测试数据对比表

测试项目	测量指标	对照组	实验组	P 值
身体成分	体重	56.64±3.74	57.27±7..27	0.810
	骨骼肌	21.72±1.38	22.58±2.53	0.360
	体脂肪	17.33±3.47	15.59±3.26	0.260
	身体质量指数	21.79±1.09	21.22±2.27	0.490
	体脂百分比	29.57±4.76	27.16±3.01	0.190
	腰臀比	0.85±0.03	0.81±0.03	0.015
	基础代谢	1215.80±52.46	1259.20±106.37	0.260

从表 3-9 的数据来看：对两组女生实验后的身体成分相关测试数据进行独立样本 T 检验，结果显示实验后两组女生的腰臀比存在显著性差异（P<0.05），体重、骨骼肌、体脂肪、身体质量指数、体脂百分比和基础代谢两组女生不存在显著性差异（P>0.05）。说明 12 周不同的体能训练方式对女大学生的腰臀比变化有不同影响。

三、实验后两组男生身体素质测试结果对比分析

表 3-10　实验后两组男生身体素质测试数据对比表

测试项目	测量指标	对照组	实验组	P 值
肌肉力量	1RM 深蹲	52.00±4.83	53.50±4.74	0.490
	1RM 卧推	38.50±4.12	36.50±5.30	0.360
速度	50 米	7.46±0.32	7.18±0.24	0.430
肌肉耐力	1分钟俯卧撑	37.70±8.64	35.90±11.30	0.690
柔韧性	坐位体前屈	16.00±6.68	13.80±5.83	0.440
稳定性	单腿闭眼站立	19.10±10.38	31.70±12.94	0.027
灵敏性	六角跳	18.60±2.27	16.90±0.99	0.044
爆发力	原地纵跳摸高	43.00±4.99	42.70±5.08	0.890

从表 3-10 的数据可以看出，对实验后对照组男生和实验组男生的相关测试数据进行独立样本 T 检验，结果显示实验后两组男生的肌肉力量、速度、肌肉耐力、柔韧性和爆发力均不存在显著性差异($P>0.05$)，两组男生的稳定性和灵敏性存在显著性差异($P<0.05$)。说明 12 周不同的体能训练对男生的稳定性和灵敏性的影响不同。再对比实验后两组男生灵敏性和稳定性的测试数据，可以发现实验组男生经过 12 周悬吊训练后，稳定性和灵敏性明显优于对照组学生。

四、实验后两组女生身体素质测试结果对比分析

表 3-11 实验后两组女生身体素质测试数据对比表

测试项目	测量指标	对照组	实验组	P 值
肌肉力量	1RM 深蹲	34.00±4.59	35.00±4.08	0.610
	1RM 卧推	19.00±3.16	20.00±4.71	0.580
速度	50 米	9.01±0.63	9.32±0.63	0.286
肌肉耐力	1 分钟仰卧起坐	33.60±5.15	35.60±8.03	0.520
柔韧性	坐位体前屈	17.60±4.06	19.30±4.37	0.380
稳定性	单腿闭眼站立	24.30±14.95	44.00±19.62	0.021
灵敏性	六角跳	18.30±1.42	16.90±1.37	0.038
爆发力	原地纵跳摸高	27.60±4.33	28.10±3.28	0.770

从表 3-11 的数据可以看出，对实验后对照组女生和实验组女生的相关测试数据进行独立样本 T 检验，结果显示实验后两组女生的肌肉力量、速度、肌肉耐力、柔韧性和爆发力均不存在显著性差异($P>0.05$)，两组女生的稳定性和灵敏性存在显著性差异($P<0.05$)，说明 12 周不同的体能训练对女生稳定性和灵敏性的改善效果不同。再对比实验后两组女生稳定性和灵敏性的测试数据，可以发现实验组女生经过 12 周悬吊训练后，稳定性和灵敏性明显优于对照组女生。

第三节　实验前后实验组身体成分测试结果对比分析

一、实验前后实验组男生身体成分测试结果对比分析

表 3-12　实验前后实验组男生身体成分测试数据对比表

测试项目	测量指标	实验前	实验后	P 值
身体成分	体重	76.69±14.12	73.90±11.47	0.040
	骨骼肌	32.38±3.75	32.15±4.09	0.370
	体脂肪	19.25±10.32	18.14±9.40	0.030
	身体质量指数	24.50±4.53	24.63±4.49	0.190
	体脂百分比	23.20±8.76	23.13±8.59	0.350
	腰臀比	0.88±0.07	0.85±0.05	0.001
	基础代谢	1635.20±140.60	1627.30±126.07	0.400

从表 3-12 中的数据来看：对实验组男生的身体成分在实验前与实验后进行配对样本 T 检验，结果显示实验组实验前与实验后男生的腰臀比存在极其显著性差异（P<0.01），体重和体脂肪存在显著性差异（P<0.05），骨骼肌、身体质量指数、体脂百分比和基础代谢方面均不存在显著性差异（P>0.05）。说明 12 周的悬吊训练对普通高校男大学生的身体成分产生了积极影响，表现在体重、体脂肪和腰臀比上，尤其是腰臀比表现最为突出。

二、实验前后实验组女生身体成分测试结果对比分析

表 3-13　实验前后实验组女生身体成分测试数据对比表

测试项目	测量指标	实验前	实验后	P 值
身体成分	体重	57.99±7.10	57.27±7.27	0.007
	骨骼肌	22.88±2.65	22.58±2.53	0.140
	体脂肪	15.93±3.32	15.59±3.26	0.015
	身体质量指数	20.92±2.41	21.22±2.27	0.068
	体脂百分比	27.27±3.06	27.16±3.01	0.160
	腰臀比	0.84±0.04	0.81±0.03	0.000
	基础代谢	1278.40±92.87	1259.20±106.37	0.110

从表 3-13 中的数据来看：对实验组女生的身体成分在实验前与实验后进行配对样本 T 检验，结果显示实验组实验前与实验后女生的腰臀比、体重存在极其显著性差异（$P<0.01$），体脂肪存在显著性差异（$P<0.05$），骨骼肌、身体质量指数、体脂百分比和基础代谢均不存在显著性差异（$P>0.05$）。说明 12 周的悬吊训练对普通高校女大学生的身体成分产生了积极影响，表现在体重、体脂肪和腰臀比上，尤其在腰臀比、体重上表现最为突出。

第四节　实验前后实验组身体素质测试结果对比分析

一、实验前后实验组男生身体素质测试结果对比分析

表 3-14　实验前后实验组男生身体素质测试数据对比表

测试项目	测量指标	实验前	实验后	P 值
肌肉力量	1RM 深蹲	51.50±7.09	53.50±4.74	0.037
	1RM 卧推	34.00±6.15	36.50±5.30	0.015
速度	50 米	7.47±0.34	7.18±0.24	0.000
肌肉耐力	1 分钟俯卧撑	33.90±11.79	35.90±11.30	0.000
柔韧性	坐位体前屈	13.10±6.59	13.80±5.83	0.110
稳定性	单腿闭眼站立	17.10±11.40	31.70±12.94	0.000
灵敏性	六角跳	19.00±1.70	16.90±0.99	0.000
爆发力	原地纵跳摸高	41.50±5.38	42.70±5.08	0.005

由表 3-14 中的数据可以得出，经过 12 周的悬吊训练后，实验组男生的身体素质测试指标中，柔韧性在实验前后不具有显著性差异（P>0.05），说明 12 周的悬吊训练对普通高校男大学生的柔韧性训练效果不明显；实验组男生的肌肉力量在实验前后具有显著性差异（P<0.05），说明 12 周的悬吊训练对普通高校男大学生的肌肉力量训练效果较为明显；实验组男生的速度、肌肉耐力、稳定性、灵敏性和爆发力在实验前后均具有极其显著性差异（P<0.01），这充分说明 12 周的悬吊训练对普通高校男大学生的速度、肌肉耐力、稳定性、灵敏性和爆发力有明显的提升效果。

二、实验前后实验组女生身体素质测试结果对比分析

表 3-15　实验前后实验组女生身体素质测试数据对比表

测试项目	测量指标	实验前	实验后	P 值
肌肉力量	1RM 深蹲	32.00±4.22	35.00±4.08	0.005
	1RM 卧推	16.50±3.37	20.00±4.71	0.001
速度	50 米	9.49±0.71	9.32±0.63	0.009
肌肉耐力	1 分钟仰卧起坐	33.70±8.90	35.60±8.03	0.000
柔韧性	坐位体前屈	18.60±5.10	19.30±4.37	0.170
稳定性	单腿闭眼站立	24.00±16.40	44.00±19.62	0.000
灵敏性	六角跳	19.20±1.99	16.90±1.37	0.000
爆发力	原地纵跳摸高	26.90±3.57	28.10±3.28	0.000

由表 3-15 中的数据可以得出，经过 12 周的悬吊训练后，在实验组女生的身体素质测试指标中，柔韧性在实验前后不具有显著性差异（P>0.05），说明 12 周的悬吊训练对普通高校女大学生的柔韧性训练效果不明显；肌肉力量、速度、肌肉耐力、稳定性、灵敏性和爆发力在实验前后均具有极其显著性差异（P<0.01），这说明 12 周的悬吊训练对普通高校女大学生的肌肉力量、速度、肌肉耐力、稳定性、灵敏性和爆发力训练效果极其明显。

第五节　实验前后对照组身体成分测试结果对比分析

一、实验前后对照组男生身体成分测试结果对比分析

表 3-16　实验前后对照组男生身体成分测试数据对比表

测试项目	测量指标	实验前	实验后	P 值
身体成分	体重	76.21±8.92	74.98±8.51	0.020
	骨骼肌	31.20±2.76	30.89±3.02	0.090
	体脂肪	20.63±8.84	20.11±8.65	0.020
	身体质量指数	24.22±4.02	24.30±3.91	0.320
	体脂百分比	24.28±7.70	24.21±7.62	0.380
	腰臀比	0.89±0.07	0.88±0.04	0.780
	基础代谢	1674.00±82.26	1659.90±73.99	0.130

从表 3-16 中的数据来看，对对照组男生的身体成分在实验前与实验后进行配对样本 T 检验，结果显示对照组男生的体重和体脂肪在实验前后存在显著性差异（P<0.05），对照组男生的骨骼肌、身体质量指数、体脂百分比、腰臀比和基础代谢在实验前后均不存在显著性差异（P>0.05），说明 12 周的常规训练对普通高校男大学生的身体成分产生了一定影响，主要表现在体重和体脂肪方面。

二、实验前后对照组女生身体成分测试结果对比分析

表 3-17　实验前后对照组女生身体成分测试数据对比表

测试项目	测量指标	实验前	实验后	P 值
身体成分	体重	57.62±3.91	56.64±3.74	0.005
	骨骼肌	21.89±1.70	21.72±1.38	0.250
	体脂肪	17.56±3.34	17.33±3.47	0.034
	身体质量指数	21.54±1.27	21.79±1.09	0.054
	体脂百分比	29.67±4.89	29.57±4.76	0.290
	腰臀比	0.86±0.04	0.85±0.03	0.400
	基础代谢	1220.20±60.25	1215.80±52.46	0.530

从表 3-17 中的数据来看，对对照组女生的身体成分在实验前与实验后进行配对样本 T 检验，结果显示对照组女生的体重和体脂肪在实验前后存在显著性差异（P<0.05），骨骼肌、身体质量指数、体脂百分比、腰臀比和基础代谢在实验前后均不存在显著性差异（P>0.05），说明 12 周的常规训练对普通高校女大学生的身体成分产生了一定影响，主要表现在体重和体脂肪方面。

第六节 实验前后对照组身体素质测试结果对比分析

一、实验前后对照组男生身体素质测试结果对比分析

表3-18 实验前后对照组男生身体素质测试数据对比表

测试项目	测量指标	实验前	实验后	P 值
肌肉力量	1RM 深蹲	50.00±6.24	52.00±4.83	0.037
	1RM 卧推	36.50±5.30	38.50±4.12	0.037
速度	50 米	7.59±0.36	7.46±0.32	0.001
肌肉耐力	1 分钟俯卧撑	35.90±8.93	37.70±8.64	0.000
柔韧性	坐位体前屈	15.10±7.45	16.00±6.68	0.120
稳定性	单腿闭眼站立	16.00±11.60	19.10±10.38	0.025
灵敏性	六角跳	18.90±2.33	18.60±2.27	0.193
爆发力	原地纵跳摸高	42.10±5.17	43.00±4.99	0.004

由表3-18中的数据可以得出,经过12周的常规体能训练后,在对照组男生的身体素质测试指标中,对照组男生的柔韧性和灵敏性在实验前后不具有显著性差异(P>0.05),说明12周的常规体能训练对普通高校男大学生的柔韧性和灵敏性改善效果不明显;对照组男生的肌肉力量和稳定性在实验前后具有显著性差异(P<0.05),说明12周的常规体能训练对普通高校男大学生的肌肉力量和稳定训练效果较为明显,对照组男生的速度、肌肉耐力和爆发力在实验前后具有极显著性差异(P<0.01),这说明12周的常规体能训练对普通高校男大学生的速度、肌肉耐力和爆发力改善效果极其明显。

二、实验前后对照组女生身体素质测试结果对比分析

表 3-19　实验前后对照组女生身体素质测试数据对比表

测试项目	测量指标	实验前	实验后	P 值
肌肉力量	1RM 深蹲	30.50±4.38	34.00±4.59	0.015
	1RM 卧推	15.00±2.84	19.00±3.16	0.030
速度	50 米	9.07±0.67	9.01±0.63	0.049
肌肉耐力	1 分钟仰卧起坐	31.10±6.19	33.60±5.15	0.000
柔韧性	坐位体前屈	17.00±4.59	17.60±4.06	0.140
稳定性	单腿闭眼站立	19.00±15.63	24.30±14.95	0.000
灵敏性	六角跳	18.70±1.37	18.30±1.42	0.104
爆发力	原地纵跳摸高	26.30±5.01	27.60±4.33	0.013

由表 3-19 中的数据可以得出，经过 12 周的常规体能训练后，在对照组女生的身体素质测试指标中，对照组女生的柔韧性和灵敏性在实验前后不具有显著性差异（P>0.05），说明 12 周的常规体能训练对普通高校女大学生的柔韧性和灵敏性改善效果不明显；对照组女生的肌肉力量、速度和爆发力在实验前后具有显著性差异（P<0.05），说明 12 周的常规体能训练对普通高校女大学生的肌肉力量、速度和爆发力改善效果较为明显；对照组女生的肌肉耐力和稳定性在实验前后具有极其显著性差异（P<0.01），这说明 12 周的常规体能训练对普通高校女大学生的肌肉耐力和稳定性改善效果极其明显。

第四章 讨 论

第一节 悬吊训练对大学生身体成分的影响

近年来，人们越来越关注体能训练对身体成分的影响，尤其是各个高校对学生体质的重视程度逐步提高。本研究在进行为期 12 周的悬吊训练后，发现所选取的实验对象身体成分中某些成分发生了变化。大量研究表明，经过一定时间和一定量的负荷训练后，人体的 BMI、体脂肪、体重和腰臀比会有所降低，肌肉重量会有所增加。实验结果显示，12 周的悬吊训练能够积极改善机体的腰臀比、体重和体脂肪，对受试大学生的体能有一定的提升作用。社会的发展与进步，人们生活水平的不断提高，再加上工作方式的改变，极易导致机体肥胖，体内脂肪大量堆积，逐渐形成亚健康状态。在进行为期 12 周的悬吊训练后，受试大学生的身体成分有较明显的改变，但在基础代谢方面的改变甚微。基础代谢是人体所有器官维持生命的最低能量要求。影响基础代谢的因素多种多样，例如：肌肉活动、机体体质状况、体表面积、性别、年龄等因素，因此悬吊训练对基础代谢的影响不明显可以理解。

在进行悬吊训练时，运动负荷等因素要针对实验对象的体能水平进行合理掌控，并且循序渐进进行训练，周而复始，因此这种有规律的训练能引起身体成分部分指标的改变，在进行 12 周的悬吊训练后，实验组和对照组的身体成分部分指标都有所变化，相对来说腰臀比变化最为明显的是实验组，原因是悬吊训练是在不稳定状态下进行的训练，对机体的核心力量有更强的要求，因此能更好地促进腰腹部脂肪的燃烧，使机体的核心部位有较好的能力适应这种训练方法，这样就导致腰腹部的脂肪加速分解，体重减少和体脂肪间接降低，从而能更好地预防肥胖、高血压和心脏病等相关症状的发生。

总体来说，通过12周的悬吊训练后，受试大学生身体成分的部分指标有较好的改善，进一步达到改善身体状况、提高体能的目的。

第二节 悬吊训练对大学生身体素质的影响

身体素质可以影响大学生的身体形态和功能，并确定其是否完备。在构成身体适应性的因素中，力量、速度和耐力是主要素质。在此基础上，灵敏性、协调性、稳定性和灵活性的综合素质是功能性运动的基础。大部分大学生基本已经成年，其身体各方面发育基本完善、成熟，因此通过对其身体素质的训练能够提高其体质健康，这对个人和社会而言有重要的意义。在控制身体姿势的条件下，进行符合运动目的的体育锻炼，以促进神经、肌肉和骨骼系统等的均衡提升，实现大学生身体健康发展，是进行身体功能训练的实质。实验结果显示：在进行12周的悬吊训练后，实验对象的身体素质在稳定性和灵敏性方面，实验组较对照组有显著的变化。大量有关悬吊训练对身体素质影响的实验研究都表明，悬吊训练对机体的稳定性和灵敏性的改善均有良好的效果。悬吊训练，顾名思义就是在不稳定状态下进行自重训练方法，对核心力量的稳定性要求更高，所以说系统地、有针对性地进行12周的悬吊训练后，受试对象的核心稳定性和灵敏性都有明显的改善和提高。在进行12周的悬吊训练后，实验对象的身体素质各项指标在实验前后除了柔韧性外，其他各项指标均有不同程度的提高。当今社会，不少人体能状态差，免疫力低下，造成容易感染和抵抗力不足的弊端，这说明大多数人不重视体育锻炼或者由于工作、生活等原因没有时间参加体育锻炼，长期以来就导致体质下降，表现为体弱多病、精神不振、肥胖等亚健康状况。

总的来说，通过12周的悬吊训练后，反映普通高校大学生身体素质的各项指标均有不同程度的改善，受试对象也很乐意接受悬吊训练方式，大学生的体能整体向好的方向发展。

第五章　结论与建议

第一节　结论

一、12 周的悬吊训练可以有效地改善普通高校大学生的身体成分，尤其是腰臀比指标，实验组相比对照组有明显提高。

二、12 周的悬吊训练可以有效地提高普通高校大学生的身体素质，尤其是稳定性和灵敏性，实验组相比对照组均有显著提升，但是悬吊训练对柔韧性等的改善效果还不是太明显。

三、经过 12 周的对比实验，发现不管是悬吊训练方法还是常规体能训练方法，对普通高校大学生的影响并没有性别上的区别，无论是男生还是女生体能都得到了有效提升。

四、经过 12 周的体能训练，不管是悬吊训练方法还是常规体能训练方法，均对大学生的体能产生了积极的影响；在身体成分和身体素质上，悬吊训练方法和常规训练方法在很多项目对机体的影响程度不相上下，但是在个别素质的改善上两种方法间还存有一定差距。

第二节　建议

一、悬吊训练方法在普通高校大学生体育课中的运用，使得学生的体能有普遍性的提升，并且悬吊训练法的训练效果不亚于常规训练，甚至在腰臀比、速度、稳定性和灵敏性方面的改善效果明显优于常规训练方法。因此，建议在高校大学生的体育课堂教学过程中引入悬吊训练，由于悬吊训练方法新颖，携带方便，可以在一个较小的空间内进行多样化的训练，不仅可以满足学生在体育课堂教学中进行体能训练的需要，也可以满足学生在课后的闲暇时间内进行体能锻炼。这样既丰富了体育课堂教学内容，又增加了体能训练的多样性。

二、在运用悬吊训练方法进行体能训练时，应遵循循序渐进的训练原则，不可操之过急而增加损伤风险，并且要时刻关注学生的个体差异性，对运动负荷、练习时间、练习组数和练习次数有较好的把握。同时结合悬吊训练的优势，对大学生进行针对性的训练。

三、悬吊训练在体能训练中有它独特的优势，但是并不是十全十美的，在进行体能训练时不能一味地使用悬吊训练方法而摒弃常规训练方法，因为常规训练方法是先辈们从劳动中总结出的可以增强体能的训练方法，是体能训练的根，在任何时候都不应该被抛弃，我们应该在常规体能训练的基础上结合悬吊训练，只有这样才能有效地改善学生的体质，丰富体能训练手段。

参考文献

[1]陈月亮，王旋，赵玉华．体能概念研究综述[J]．体育科学研究，2009．

[2]王卫星．高水平运动员体能训练的新方法[M]．北京：北京体育大学出版社，2013．

[3]杨海平，廖理连，张军．实用体能训练指南[M]．广州：广东高等教育出版社，2013．

[4]田麦久．运动训练学[M]．北京：高等教育出版社，2000．

[5]边津．16周TRX悬吊训练对技巧啦啦操运动员核心区能力的影响[D]．北京体育大学，2017．

[6]朱麒宇．TRX体能训练在健身会员私教课程中应用效果的研究[D]．昆明：云南师范大学，2016．

[7]曹小磊．TRX悬吊训练对女大学生核心稳定性的影响[D]．成都：四川师范大学，2017．

[8]臧卡．TRX悬挂训练对促进健康体适能的实验研究[D]．昆明：云南师范大学，2016．

[9]马冬．悬吊训练对促进篮球专项学生核心力量与弹跳能力训练方案的实证研究[D]．石家庄：河北师范大学，2016．

[10]付常喜，李平．悬吊训练对男子网球运动员平衡能力和躯干核心稳定性的实验研究[J]．北京体育大学学报，2014，37(2)：138-142．

[11]涂伟龙．悬吊训练对青少年三级跳远运动员专项运动能力的影响[D]．北京：北京体育大学，2017．

[12]满喜，郑松玲，包呼格吉勒图，等．悬吊训练用于脚斗士运动员体能训练的可行性分析[J]．内蒙古师范大学学报，2012，41(6)：685-687．

[13]魏永敬，赵焕彬，宋旭峰，等．悬吊训练法功能及其应用现状研究[J]．天津体育学院学报，2009，24(4)：358-360．

[14]谢锋，王晓楠．8周TRX训练对艺术体操运动员身体平衡能力的影响[J]．搏击(武术科学)，2015，12(9)：106-108．

[15]陈翀，孙文新．悬吊训练对足球运动员非稳定状态下动作控制能力的影响[J]．北京体育大学学报，2014，37(1)：124-128．

[16]李建臣，周凯岚，师玉涛等．悬吊训练对技能主导类表现难美性项目核心力量训练的实验研究——以跳水项目为例[J]．武汉体育学院学报，2010，44(2)：53-57．

［17］张蓓.悬吊训练对赛艇运动员专项动作控制能力影响的实验研究［D］.北京：北京体育大学，2013.

［18］乔柱，袁伟男.S-E-T悬吊训练对田径运动员平衡能力的影响［J］.沈阳体育学院学报，2010，29(5)：85-87.

［19］赵文革，梁轶伟.悬吊力量训练对排球运动员挥臂能力的影响［J］.沈阳体育学院学报，2011，30(4)：112-114+126.

［20］王志军，周正荣，陆青.悬吊训练(S-E-T)在江苏省15-17岁年龄组游泳运动员体能训练中的应用效果研究［J］.山东体育学院学报，2012.28(3)：82+86.

［21］卢玮，矫玮.悬吊运动训练对慢性腰痛患者静态平衡能力的影响［C］.第九届全国体育科学大会论文摘要汇编(3)，2011：479-480.

［22］高翠平，王朝格.TRX悬吊训练在引体向上训练中的实验探讨［J］.军事体育学报，2017.36(3)：19-22.

［23］许巍.悬吊训练(S-E-T)在田径运动训练中的实验研究.［J］辽宁体育科技，2009，6(31)：60.

［24］杨合适，李建臣，师玉涛.悬吊法对跳水运动员体能训练的研究［J］.首都体育学院学报，2008(06)：71-73.

［25］杨博文.悬吊训练在消防部队体能训练中的应用探讨［J］.职业.2013，10：166-167.

［26］Sandra Bassot. University of Virginia. Core stability：creating a foundation for function rehabilitation［J］. Athletic Therapy Today, 2000, (3)：6-13.

［27］David. Relationship Between Cyeling Meel laniesand core stability. Journal of Strength and Conditioning Research, 2004, 1(4)：1300, 1404.

［28］Seiler S, Skaanes P. T, Kirkesola GEcts of Sling Exereise Training on Inaxi—nal club head Velocity in junl or golfers. Medicine & Science in Sports & Exercise, 2006, 38(5)：5286.

［29］Hodges PW, Richardson CA. Contraction of the abdominal muscles associated with movement of the lowerlimb ［J］. Phys Thera, 1997, 77(1)：32-44.

［30］Gulmez , Irfan. Effects Of Angle Variations In Suspension Push. Up Exercise ［M］. Journal of Strength and Conditioning Research, 2016(3).

［31］GyeYepo K, Se. Hum K. Effects of Push. ups Plus Sling Exercise on Muscle Activation and Cross　setional Area of the Mutididus Muscle in Patients with Low Back Pain

[J]. Journal of physicaltherapy science, 2014, 25(12).

[32]徐坚. 体能锻炼理论与方法[M]. 大连：大连理工大学出版社，2011.

[33]于永慧. 健康中国全民健身工作的评价指标体系研究[J]. 体育与科学，2016，37(4)：71-76.

[34]李建臣. 悬吊训练[M]. 北京：人民体育出版社，2013.

[35]吴玉华. 对体质与健康体适能测试指标的比较启示[J]. 福建体育科技，2012，31(1)：23-24+32.

[36]闫学荣. 悬吊训练的释义与应用[J]. 运动，2013(11)：38-39.

[37]于红妍，李敬勇，张春合，等. 运动员体能训练的新思路——核心稳定性训练[J]. 天津体育学院学报，2008，23(2)：128-130.

[38]王瑞元. 运动生理学[M]. 北京：人民体育出版社，，2002.

[39]邓树勋，王健，乔德才. 运动生理学[M]. 北京：高等教育出版社，2009.

[40]朱传芳. 悬吊训练对体育院校篮球专项学生核心力量及专项水平的影响[D]. 上海：上海体育学院，2014.

[41]王志玲. 悬吊训练对大学生健康体适能的影响[D]. 西安：西安体育学院，2014.

[42]史盼盼. 8周PNF牵张训练辅助SET悬吊训练模式对运动员腰背部肌力影响的研究[D]. 西安：西安体育学院，2014.

[43]徐纪雷. 两种力量训练方法对核心部位肌群力量变化的影响研究[D]. 北京：首都体育学院，2012.

[44]刘丹. 悬吊训练与有氧运动对大学生心脏功能及心率变异性的影响[D]. 西安：西安体育学院，2016.

[45]孙霞. 悬吊训练对体育院校排球专项学生平衡能力与弹跳力的影响[D]. 北京：北京体育大学，2010.

[46]朱桐辉. 悬吊训练法对跳远运动员平衡能力影响的实验研究[D]. 长春：东北师范大学，2016.

[47]朱枝泉. 16周悬吊训练对散打运动员专项打击效果影响的实证研究[D]. 北京：北京体育大学，2019.

[48]姜奉齐. 网球运动对大学生身体形态及健康体适能的影响[D]. 长春：吉林大学，2015

[49]孟宇. 悬吊训练对青少年男子400m跑中腿的摆动速度的影响研究[D]. 长春：

东北师范大学，2011.

[50]闫学荣．悬吊训练的释义与应用[J]．运动，2013(11)：38-39.

[51]刘丹．悬吊训练与有氧运动对大学生心脏功能及心率变异性的影响[D]．西安：西安体育学院，2016.

[52]尹云鹏．悬吊训练对柔道运动员专项能力的影响[D]．北京：北京体育大学，2011.

[53]张远超．云南省网球队运动员体能训练中引入悬吊训练的实验研究[D]．北京：北京体育大学，2015.

[54]杨彩云．悬吊训练技术在核心力量训练中的实验研究[J]．洛阳师范学院学报，2009，28(5)：86-87.

附录3-1 实验测试记录表

姓名： 性别： 年龄：

测试项目	单　位	数　值
体重	千克(kg)	
骨骼肌	千克(kg)	
体脂肪	千克(kg)	
BMI	千克每平方米(kg/㎡)	
PBF	%	
WHR	/	
基础代谢	千卡(kcal)	
1RM 深蹲	千克(kg)	
1RM 卧推	千克(kg)	
50 米	秒(s)	
1分钟俯卧撑(男)	个	
1分钟仰卧起坐(女)	个	
坐位体前屈	厘米(cm)	
单腿闭眼站立	秒(s)	
六角跳	秒(s)	
原地纵跳摸高	厘米(cm)	